« LA VIE ET AU-DELÀ »

Collection dirigée par François Brune

DU MÊME AUTEUR

chez le même éditeur

UN GRAIN DANS LA MACHINE
Une évasion spirituelle des prisons de Kaboul
1989

Aux Éditions Stock

TÉMOIN EN AFGHANISTAN
album photos, 1988

ALAIN GUILLO

A L'ADRESSE DE CEUX QUI CHERCHENT

Préface de François Brune

ROBERT LAFFONT

ISBN 2-221-07112-3

A Louise, ma mère, et à travers elle, à Notre-Dame, Mère de l'Homme, symbole de celles qui ont souffert, souffrent, souffriront par leurs enfants.

Préface

Ce livre devrait être suivi de plusieurs autres, de différents auteurs et de genres littéraires très variés, l'idée force commune qui les rassemblerait dans une même série étant leur aptitude à aider chacun d'entre nous à mieux comprendre le sens de sa vie, à mieux comprendre d'où il vient, où il va, et le sens des innombrables difficultés, échecs, épreuves qu'il aura dû tant bien que mal surmonter pour survivre, continuer, aller de l'avant, comprendre peu à peu le dessin que forme sa vie et la situer dans un plus vaste dessin, au sens, à la fois, d'intention mystérieuse-

ment sous-jacente et d'immense mosaïque où sa propre vie, loin de perdre de l'importance trouverait, au contraire, tout son sens au sein d'un ensemble plus vaste, d'une immense harmonie à la mesure de l'infini et de l'éternité.

L'aventure spirituelle d'Alain Guillo correspond très exactement à tout cela. Ce n'est pas l'œuvre d'un philosophe réfléchissant sur le sens de l'existence. C'est l'œuvre de quelqu'un que l'existence, avec ses drames, ses surprises, et aussi ses joies, a rendu philosophe. Bien sûr, le philosophe, lui aussi, part d'un minimum d'expériences. Mais ici l'expérience est première avec une intensité et une richesse exceptionnelles :

Alain Guillo est né à Haïphong, au Viêt-nam, en 1942. Son père était dans l'armée française, ce qui ne pouvait lui attirer la sympathie des occupants japonais. Sa grand-mère maternelle était japonaise, ce qui ne lui attira pas les sympathies vietnamiennes. Sa mère ayant été tuée par une bombe, ce fut quand même une famille de Vietnamiens qui, en prenant de gros risques, l'adopta et le sauva. La paix revenue, les services de la Croix-Rouge le retrouvèrent. Il fut envoyé en France. Contre toute apparence, l'ascendance japonaise et bouddhiste jouera un grand rôle. La mère d'Alain le lui affirme un jour, à partir de l'au-delà : « C'est elle qui, d'ici, a fait de toi ce que tu es. »

Deuxième période capitale. Alain Guillo, devenu journaliste, photographe, cinéaste, après bien des séjours en Afghanistan, finit un jour par être capturé par les agents du régime officiel. Il restera neuf mois, exactement le temps d'une gestation, dans les prisons afghanes. Le récit de cette longue lutte contre l'oppression extérieure, contre les épreuves intérieures aussi, vous avez pu le lire dans un premier livre : Un grain dans la machine.

C'est dans cette situation extrême qu'Alain Guillo, poussé par les circonstances, a découvert un phénomène extraordinaire, encore trop peu connu et bien mystérieux : l'écriture automatique. N'ayant rien pour écrire, il se contente d'appeler les forces de l'au-delà, n'importe quelle bonne volonté prête à l'aider, s'il en existe, et il lui offre son index, aussi souple que possible, abandonné. Et cela marche. Son index est mû par une volonté inconnue et forme des lettres qui forment des mots qui forment des phrases. Une communication s'établit.

Il communique avec qui ? Avec lui-même, penseront les sceptiques. Ce serait en effet l'explication la plus facile, et on ne peut jamais l'exclure a priori. Cependant quantité d'autres cas ont été étudiés où cette explication ne peut suffire. Alain lui-même a d'abord pensé à la télépathie. Il croyait communiquer ainsi avec sa première femme, avec des amis, avec le chargé d'affaires de l'ambassade de France, avec quelques personnages célèbres... Plusieurs fois cependant une phrase revient : « Alain, tu ne peux pas communiquer ainsi avec des vivants. » Le phénomène évolue peu à peu. Alain commence à entendre des voix et la même phrase alors revient, mais, cette fois, il l'entend directement dans sa tête.

C'est le problème de toutes les communications avec l'au-delà. A qui a-t-on vraiment à faire ? A son propre subconscient, à d'autres vivants ou à des trépassés ? Il faudra même de plus en plus ajouter : ou à des extraterrestres ? La réponse peut et doit même souvent être nuancée. La communication peut fort bien venir, à la fois, de l'au-delà et de notre subconscient. Nous verrons, et ce n'est pas un des moindres intérêts de ce livre, que c'est parfois la même chose.

L'aventure spirituelle d'Alain Guillo n'a évidemment pas pris fin avec sa libération de prison. Nous avons tous également des temps un peu plus forts que d'autres dans notre vie, mais, de toute façon, notre aventure personnelle continue toujours, pour nous aussi. Alain a donc continué à entendre dans sa tête des voix, surtout celle de sa mère, Louise. Au fur et à mesure il les a mises par écrit. C'est la première partie du livre. Là, le phénomène est très proche mais un peu différent de l'écriture intuitive. On sait que l'écriture automatique évolue souvent en écriture intuitive. Dans la première, le récepteur terrestre, médium, souvent sans le savoir, ne fait que tenir à peine le crayon qui se meut dans sa main en produisant une écriture. Non seulement le médium, alors, ne sait pas ce qu'il écrit, mais l'écriture produite (la forme des lettres) est très différente de la sienne. Dans l'écriture intuitive, le « scribe » reprend sa propre écriture et les mots lui apparaissent, par petits groupes, un peu comme sur un écran intérieur. Il y a donc une sorte de visualisation du texte à reproduire. Avec Louise, la visualisation intérieure était remplacée par une audition intérieure, une véritable dictée.

Toute la suite de l'ouvrage est venue autrement. Pendant trois ans le dialogue s'est poursuivi entre Alain Guillo et l'au-delà. Un long dialogue ! sur toutes les questions essentielles qui sont aussi les vôtres et qui permettent de comprendre un peu ce que nous faisons sur cette terre. Lente maturation où Alain doit chercher lui-même sur des bribes de réponses des éléments de réflexion. Jamais il ne reçoit d'enseignement magistral, de réponse toute faite. Au bout de trois ans, Alain se met devant sa machine et la synthèse vient sous ses doigts en moins d'un mois.

De qui vient ce texte ? du subconscient d'Alain ? Le texte se présente comme venant de l'au-delà, d'une entité qu'Alain appelle « le Père » et qui se présente elle-même comme étant plutôt un groupe, une « entité complexe ». Plus qu'au dialogue intérieur du Christ avec son Père, auquel pense Alain Guillo, je ferais le rapprochement avec « l'Ange » des célèbres « Dialogues avec l'Ange » transcrits par Gitta Mallasz. Ce fut une histoire fantastique, elle aussi. Trois jeunes femmes hongroises se réunissaient pour le week-end, à Budapest, pendant la dernière guerre. L'Europe était à feu et à sang. La Hongrie était encore en paix. Pas pour longtemps. Dans cette atmosphère, elles aussi cherchaient à comprendre un peu le sens de l'existence. Deux d'entre elles étaient juives, la troisième catholique. Mais aucune ne pratiquait sa religion. En pleine discussion, soudain, l'une d'elles, Hanna, change de voix et par elle, à travers elle vont venir des messages de l'au-delà. L'« Ange » va les préparer peu à peu au martyre qui les attend. Seule la catholique, Gitta Mallasz, en a réchappé en emportant les précieux cahiers où étaient consignés les Dialogues.

Or, vraiment, avec ce thème du « Père » ou de l'« Ange » nous touchons un problème capital. Mais pour Alain Guillo, c'est d'abord une expérience et ce qu'en dit ici, abondamment, notre auteur suffirait amplement à justifier la publication de ce livre qui contient pourtant bien d'autres richesses. La nouveauté n'est pas absolue. Plusieurs autres textes, assez exceptionnels, en parlaient déjà, mais jamais avec cette précision, jamais avec ces détails vécus. C'est tout le mystère de la constitution même de notre être, de sa structure qui se trouve ainsi éclairé.

Ce « Père », avec lequel Alain Guillo communique, se présente lui-même comme une « entité spirituelle ». Chacun de nous a d'ailleurs un « Père » dans l'au-delà. Ce sont nos anges, messagers ou guides, selon d'autres terminologies. Le « Père » d'Alain le dit lui-même. Cette entité peut être « plus ou moins complexe selon les individus, plus ou moins riche aussi ». Le terme « complexe » est aussitôt précisé : « Nous sommes multiples, comme les membres d'un collectif de chercheurs. » Notre relation avec ce « Père » ou cet Ange a une importance considérable. C'est une relation si étroite qu'en un certain sens on peut le considérer comme faisant partie de nous-même. Peut-être serait-il d'ailleurs plus exact de dire que nous faisons partie de lui. « Le

Père qui est le vôtre correspond à ce que vous êtes. C'est en lui qu'un jour vous vous fondrez si vous vous en juges dignes, c'est avec lui que vous progresserez jusqu'à "l'accomplissement". C'est à lui que vous apportez ce que vous avez engrangé. Vous pouvez l'aider, il peut vous aider. Le Père est l'expression la plus élevée de vous-même. »

On retrouve là, de façon extraordinaire, à la fois des traditions millénaires, comme celle de la fravarti des Iraniens, étudiée notamment par Henry Corbin, et des explications plus récentes, mais toujours un peu fragmentaire et fugitives, obtenues par voie médiumnique. Ainsi Franz Liszt expliquait-il à Rosemary Brown que nous ne sommes pas constitués d'un seul bloc, comme des monolithes, mais comme le noyau d'un atome, composé de nombreuses particules, chacune s'incarnant indépendamment des autres mais en constante relation avec elles.

C'est avec l'Ange des Dialogues que la convergence est la plus précise. Dès le début, Hanna, la médium à travers laquelle parle l'Ange, reconnaît en lui son « maître intérieur ». Elle a le sentiment très net de l'avoir connu, mais reste « au bord du souvenir ». Il y a entre chacun de nous et son Ange une véritable symbiose : « Ou nous périssons avec vous, ou nous nous purifions avec vous. » Au terme nous ne ferons plus qu'un avec notre Ange. Quand Hanna commence à le comprendre, elle lui dit : « Donc, je suis toi » et l'Ange, en souriant, lui répond : « Pas encore. » Or, cet ange, à certains moments, semble, lui aussi, multitude.

Peut-être faudrait-il reprendre ici le schéma des « domaines » de la « Gnose de Princeton ». A chaque niveau, dans la hiérarchie des êtres, correspond un certain niveau de conscience. La particule ne sait pas qu'au-dessus d'elle il y a une conscience supérieure, celle de l'atome. L'atome ne se sent pas gêné par la conscience des particules qui le composent. La molécule ignore tout de la conscience des atomes. Chacun de nos organes est composé de milliards de molécules. Beaucoup de décisions concernant notre santé sont prises au niveau de nos organes, sans que ceux-ci viennent en référer à notre conscience. De même chacun de nous ferait-il partie d'un ensemble plus vaste, d'un « sur-moi » composé d'entités simples.

Alain Guillo, à plusieurs reprises, fait allusion à ces différents niveaux de conscience. Le « sur-moi » dont parle sa mère est composé d'un vivant sur terre et de tout un groupe de trépassés vivant désormais dans l'au-delà. Elle-même retrouve ainsi dans l'au-delà, après sa mort, son père, sa mère, d'autres membres de sa famille, mais aussi quantité de gens qu'elle ne connaissait pas. « Certains avaient partagé tout ou partie de mon existence. Ils étaient moi, j'étais eux et je ne le savais pas. » Comme elle le dit à plusieurs reprises, ils « étaient du voyage ». A travers elle ils ont vécu, souffert, aimé. Avec elle ils ont évolué. Et il en est de même pour Alain. A son tour elle s'est « intégrée » à son âme. Ces regroupements se font par affinité, comme sur terre. Ils ne sont pas toujours définitifs. Certains peuvent se sentir mal à l'aise, ne pas suivre l'évolution des autres au même rythme et quitter le groupe. D'autres peuvent venir s'y adjoindre, certaines âmes « tourmentées » s'étaient jointes au groupe formé par Alain, sa mère... et ce sont elles qui l'avaient poussé au suicide, dans sa pension, à Kaboul.

C'est ce mécanisme qui serait sous-jacent à quantité de cas où l'on croit retrouver des impressions ou des souvenirs d'une vie antérieure. Pour la mère d'Alain Guillo, et aussi pour son « Père », il y aurait pour chacun de nous, après sa mort, selon les cas, trois possibilités : la voie directe, sans aucune forme de réincarnation, avec évolution continue d'étape en étape dans l'au-delà. La réincarnation par vrai retour sur terre pour recommencer une autre vie, et la réincarnation par association étroite, par symbiose « les anciens font partie de moi, dit Louise... j'avais en moi du neuf, petite âme issue de la matière terrestre... et du vieux, mes "réincarnations", ces âmes qui avant moi ont vécu et sont devenues moi-même ». De la même façon, dit-elle à son fils, « ici des gens, enfin des âmes, t'attendent pour partager ton butin (spirituel)... elles t'ont aidé à l'engranger... tu étais leurs réincarnations ».

Ces « accompagnateurs », comme elle les appelle aussi parfois, peuvent venir de temps reculés et alors ne rien comprendre à notre époque et nous donner de mauvais conseils. Ils ne sont d'ailleurs pas toujours d'accord entre eux.

On comprend, s'il en est bien ainsi, que la question sempiternelle des plus sceptiques sur la véritable origine de ces messages médiumniques est mal posée. Subconscient du « scribe » ou messagers de l'au-delà, c'est finalement la même chose. Pierre Monnier l'a dit souvent dans ses célèbres « Lettres de Pierre ». Lui aussi d'ailleurs connaissait cette forme de « réincarnation » par association avec un vivant. On retrouve chez lui ce schéma des trois voies possibles. Tout récemment, un Allemand, passé dans l'au-delà, arrivait à faire parvenir un message à ses amis restés sur terre, sur leur ordinateur. Il faut préciser que Manfred Boden avait été pendant des années un des pionniers de ces nouvelles recherches. Il leur dit alors, entre autres, qu'il découvre « avoir participé à de nombreuses incarnations ». (Info n° 21, juin 1990 publié par le cercle de Tonbandstimmenforschung de Darmstadt.) Confirmation donnée en direct de l'au-delà, par une autre voie. Mais cela correspond aussi bien davantage à la véritable conception de la réincarnation des grands maîtres spirituels de l'Inde ou du Tibet ou aux traditions africaines.

Au-dessus des groupes c'est même peu à peu toute l'humanité qui trouvera son unité, « une seule et même intelligence, capable de se fondre dans l'Intelligence universelle ».

J'ai longuement insisté sur ce témoignage à propos de notre vraie place dans la structure et la hiérarchie de l'Univers, parce que je crois que nous sommes là sur une piste importante, et que nulle part ailleurs je n'ai rencontré cette description du phénomène à partir de l'au-delà, du point de vue de ceux qui l'ont vécu. Ajoutons que nous sommes là, avec Alain Guillo, très loin de quantité d'élucubrations, plus ou moins sincères, qui nous sont dispensées de tous côtés, comme de véritables révélations, mais qui ne sont jamais d'accord entre elles. Le film des chroniques d'Akasha semble avoir donné lieu à d'innombrables remakes, tous plus authentiques les uns que les autres.

Très loin des illuminés ou des imposteurs, le message transmis par Alain Guillo est spirituel. Il souligne quelques points essentiels à notre avancement, dès ce monde et dans l'autre. Je me contenterai ici d'en évoquer quelques-uns pour que le lecteur se rende compte de l'importance que ce livre peut avoir pour lui. Il y retrouvera certains éléments communs à toutes les grandes religions, mais sur un ton souvent plus accessible, plus intériorisé, plus apte à répondre à sa propre attente. Je suis de plus en plus frappé par le divorce qui existe, l'abîme qui sépare la théologie des grands maîtres, dans toutes les religions, et l'idée infantile, caricaturale, que la plupart des gens se font de leur enseignement. On se trouve ici à un niveau intermédiaire. Le style et le vocabulaire rendent accessibles les vérités essentielles en préservant toute leur beauté, toute leur grandeur.

Dieu est présenté comme Énergie, source de tous les êtres, mais aussi comme celui que nous devons rejoindre au point de nous « fondre » en lui. D'autres auraient parlé d'alpha et d'oméga. Le message, là, est le même. Je pense cependant, plus précisément que cette vision énergétique de Dieu est plus proche de la représentation de Dieu, chère aux chrétiens d'Orient, de cette développée en Occident, catholique ou protestant. La doctrine des « énergies incréées », qu'on le veuille ou non, n'a pas son équivalent en Occident. De même la tradition chrétienne occidentale refuserait violemment, contre le témoignage de ses propres mystiques, l'idée d'une fusion en Dieu, alors que la tradition des Églises orthodoxes, moyennant quelques précisions il est vrai importantes, s'y reconnaîtrait tout à fait. Sur ce point, comme sur tant d'autres, le christianisme oriental est un pont, pas seulement géographique, avec l'Extrême-Orient. Beaucoup plus mystique, il est, par là même, plus universel.

La tâche qui nous incombe est clairement située : « C'est vous au travers de l'œuvre, que vous construisez. » Là encore, je me sens en parfait accord. La vraie tâche de l'homme n'est pas de réaliser des œuvres, construire des ponts, des routes, des cathédrales, composer des symphonies ou des romans, ce n'est ni d'acheter la création ni de l'embellir, mais de se construire lui-même ; quitte à le faire à travers toutes ces activités, par ailleurs nécessaires. Mais tout passera. Seul l'homme restera.

C'est pourquoi aussi l'essentiel n'est pas de rester à l'abri de l'erreur, mais de chercher personnellement. « Il est aussi stupide de brûler des chercheurs que d'en encenser d'autres. » Je crois qu'effectivement mieux vaut prendre le risque de se tromper que de répéter sans en vivre des vérités officielles.

Le grand moteur de notre retour vers Dieu, et

d'ailleurs en même temps du retour à l'union entre les hommes, « c'est l'Amour libérateur ». Mais le corollaire immédiat de ce primat de l'Amour, c'est nécessairement un respect absolu de la liberté de l'homme. « On peut forcer l'homme à se battre, on ne peut pas l'obliger à aimer. »

C'est un des thèmes majeurs de l'ensemble de ces messages. Notre avenir éternel dépend de nous, dépend de ce long et presque toujours douloureux cheminement intérieur. C'est pourquoi, à la fois, Dieu ne nous demande jamais l'impossible, et de l'autre côté, jamais l'effort ne nous est épargné. Charles Péguy a admirablement développé ce thème. On retrouve la même idée ou plutôt, là encore, la même expérience dans les « Dialogues avec l'Ange ». L'Ange qui parle par Hanna mais s'adresse à Gitta le lui fait remarquer : « Je te réponds toujours à moitié, j'omets l'autre moitié... Ne complète jamais, ne conseille jamais ! » Il explique d'ailleurs pourquoi : « Si je m'approchais de toi, je t'arrêterais. Mais je recule... Jouets prêts, savoir prêt, nourriture prête, expérience prête, c'est cela que l'enfant reçoit, et il en a la nausée... Toi, donne la faim ! et non la société ! »

Faire le rapprochement avec ce très grand texte n'est pas pour moi un mince compliment. Mais le rapprochement me semble s'imposer. Alain, lui aussi, devra chercher : « Pose-toi la question juste, tu trouveras la réponse. » Cependant, en cas de besoin nous pourrons compter sur l'aide de ce « Père » collectif. Mais uniquement si nous avons vraiment épuisé nos propres ressources et si nous en formulons la demande.

Pour pouvoir nous aider il faut être passé par nos épreuves. A ce titre Alain Guillo et ses messagers ont parfaitement raison de refuser l'idée d'une Incarnation de Dieu telle qu'ils la comprennent. Un Dieu, habillé en homme, mais qui ne pourrait connaître ni nos doutes ni nos tentations ne pourrait rien nous apporter, ni son exemple, ni son enseignement. L'Incarnation doit aller beaucoup plus loin. Il est vrai sur ce point que la théologie naguère encore dominante en Occident, avec sa théorie de l'âme du Christ jouissant dès sa conception même de la « vision béatifique » avait bien du mal à satisfaire à cette exigence.

Elle ne ferait plus aucune difficulté pour les théologiens d'aujourd'hui. J'ai montré ailleurs que la tradition des Églises d'Orient avait au contraire fait de ce mystère des tentations du Christ le cœur même de notre propre conversion.

Il est vrai aussi que dans la synthèse esquissée par ces messages notre salut ne dépendra pas de la bannière religieuse sous laquelle nous nous serons rangé. Je pense qu'aujourd'hui cela ne devrait faire problème que pour les « intégristes » (que l'on retrouve dans chaque grande religion).

Le terme de notre évolution rejoint au contraire tous les mystiques de toutes les religions. Notre purification doit devenir totale pour que nous puissions nous fondre en Dieu : « Seul le feu se mélange au feu et seule l'eau pure se mêle intimement à l'eau pure. »

On pourrait pour ces deux comparaisons trouver d'innombrables références. Maître Eckhart, par exemple, expliquait que le feu ne peut nous brûler que parce que nous ne sommes pas encore de feu. Si ma main était toute de feu, le feu ne pourrait plus lui faire aucun mal. Farîd Uddîn Attâr parle de l'objet parfaitement pur qui, tombé dans l'océan, perd son existence particulière et participe à l'agitation des flots... L'Inde nous renvoie continuellement à l'eau de la cruche qui retourne à l'océan. Le subconscient d'Alain, quand il écrivit cette phrase, était-il la grand-mère bouddhiste ?

J'ai signalé là, me semble-t-il, les principales convergences avec de grandes traditions spirituelles ou des événements exceptionnels comme ceux de Budapest. Mais on trouve dans ces messages reçus par Alain Guillo beaucoup de traits ou de détails qui correspondent tout à fait à ce que l'on peut déjà savoir par ailleurs, à travers diverses voies, écriture automatique, enregistrements de voix de défunts sur magnétophone, messages sur ordinateurs...

Je voudrais seulement insister en terminant sur le ton de l'ensemble de l'ouvrage. Disons, sans aucun jeu de mots, que toutes les choses de la vie sont vues de haut. Les petits détails de la vie quotidienne sont resitués dans une vue d'ensemble où l'on respire le vent des sommets. Le style est souvent extrêmement concis, lapidaire, avec un contraste de mots ou d'expressions très simples, parfois un peu populaires, empruntés à la langue parlée. C'est une leçon pleine de grandeur et de noblesse que nous recevons ainsi. Avant de vous laisser avec ce texte, je ne résiste pas au plaisir de vous donner un bel exemple de ces formules :

« Faites qu'en vous la vie soit belle, elle sera belle autour de vous. »

François Brune

Avant-propos

Dans ma cellule de Kaboul, au plus profond d'une crise intérieure, j'ai reçu une aide à laquelle je ne m'attendais pas. Les Puissances spirituelles m'ont rendu visite et ont transformé un cauchemar en apprentissage. Je leur en suis reconnaissant.

Le parcours n'a pas été facile. Mécréant, ignorant, j'avais tout à apprendre. Tout à désapprendre surtout, ce qui n'a pas été sans mal. Une fois vidé de mes certitudes, elles m'ont enseigné, à leur façon, à me taire et à écouter. Elles sont très efficaces.

Puis elles m'ont appris à réfléchir, à méditer. Elles

me communiquaient de la force, lorsque j'en avais besoin, de la paix quand il le fallait, et de l'amour, beaucoup d'amour. Elles m'ont appris à ouvrir mon cœur. Dans cet univers carcéral où rien n'était prévu pour rassurer le client, elles m'ont aidé à me débarrasser progressivement de l'inutile : l'impatience, les angoisses, les vaines peurs.

Je suis sorti de prison, au bout de neuf mois jour pour jour — une gestation —, infiniment plus fort que je n'y étais entré. Sans haine, mais avec la sereine compréhension de ce que je n'aimais pas, et que je continuerai à combattre : l'aveuglement, donc la stupidité humaine. Je suis sorti lavé, en paix avec moi-même, avec beaucoup de matière pour réfléchir et méditer. Et des tas de points d'interrogation.

Car s'il est un défaut qu'il m'a été donné de conserver, c'est la curiosité. Un nouvel univers venait de se dévoiler, je n'avais ni tout vu, ni tout compris. Je savais que je ne savais pas grand-chose, c'était un point de départ. Les Puissances m'avaient donné un moyen d'investigation :

« Pose-toi la question juste, tu trouveras la réponse », m'avaient-elles promis.

J'ai donc médité sur tout ce qu'il me fallait comprendre. Les voix amies de mon univers proche, de ce monde intérieur que je ne soupçonnais pas, ont continué à me tenir compagnie, comme pour me soutenir. Jamais elles n'ont répondu à mes interrogations, je savais qu'il en serait ainsi, je n'ai jamais exigé d'elles ce qu'il ne leur appartenait pas de me fournir.

Car il fallait que tout sorte de mes tripes, des profondeurs de ma conscience. Je devais digérer les réponses, les faire miennes, avant même de pouvoir les verbaliser. Ce qui vous parvient de l'extérieur n'est pas vôtre, tant que vous n'en êtes pas profondément pénétré.

Parfois, car la tentation était trop forte, j'ai tenté des « interviews » en direct, de Louise, ma mère, en particulier. Elle m'a raconté des choses, puis elle m'a fait tourner en rond, comme pour me faire gentiment comprendre : tu n'es pas mûr. C'est à toi de chercher, tu trouveras en ton heure.

Quand l'heure est venue, ce livre est sorti, seul. Je l'ai bien sûr tapé sur un clavier, mais le texte coulait, j'étais une source. Hors d'état de lire, incapable de me concentrer, sortaient de moi des enseignements qui, j'en avais l'impression, étaient miens de toute éternité. Ce qui n'est pas absolument exact.

« Vrai et faux à la fois », comme disent les Puissances. Le phénomène qui a présidé à cette rédaction est une communion entre le petit homme que je suis et l'Esprit qui me dépasse. Il m'a fait l'honneur de m'utiliser, j'ai pris plaisir à Le servir. Ne me demandez pas pourquoi, je suis bien incapable de répondre. Ou du moins quelque chose en moi s'y refuse.

Incarcéré dans une cage, Il m'a montré la voie de la Libération intérieure. Libre de mes mouvements, Il m'a permis de servir. Que puis-je demander de plus ? Si cet ouvrage peut aider mes frères les hommes à comprendre, à évoluer, alors les déboires que j'ai rencontrés prennent leur juste valeur : incidents dérisoires au regard de ce qu'ils m'ont appris. Ma vie valait la peine d'être vécue.

« Nous te donnons l'Oméga », m'ont dit les voix, à Kaboul. J'en étais entouré, d'omégas. Le Nom d'Allah couvrait les murs grisâtres de la cellule, il rayonnait devant moi, s'imposait jour après jour, ocre tiré d'une peau de banane, en grands caractères arabes. Profession de foi d'un malheureux qui m'avait précédé.

Allah. Un très grand oméga surmonté d'un plus petit, comme un accent.

« Ce petit oméga est l'accent qui unit les deux L de Dieu », m'ont dit les voix.

Ce livre prend sa source de cet instant précis.

Louise

Tu t'es interrogé, tu nous as interrogés, tu m'as interrogée. Nous t'avons répondu, par bribes. Il t'a fallu assembler les morceaux. Incohérent d'abord, le puzzle a pris forme, une forme qui ne nous déplaît pas.

Le nous utilisé n'est pas un pluriel de majesté. Il indique simplement que nous sommes nombreux. Lorsque je parle, je ne suis qu'une porte-parole, peu qualifiée, mais « autorisée » à m'exprimer au nom de tous. Car tu l'as voulu ainsi, Alain. Aujourd'hui nous pouvons satisfaire à ta demande.

Parce que tu as fait en trois ans le plus gros du travail. C'est ainsi. Nous ne donnons qu'à ceux qui se préparent. Il est inutile de prier, d'implorer, d'exiger la Connaissance si vous ne faites pas le minimum d'effort pour vous en montrer digne. Il vous faut trouver l'énergie de vouloir, calmement, sans excitation inutile, il vous faut chercher, méditer, essayer. Ce n'est qu'alors, si nous vous sentons prêts, que « l'inspiration » vous parvient.

Je ne parlerai pas longtemps. Ce livre ne m'appartient pas, pas plus qu'il ne t'appartient, scribe, comme ils t'appellent. Ainsi en est-il de toute œuvre humaine, de toute « création ». Elles prennent, sitôt nées, un chemin qui leur est propre, une vie indépendante, comme pour s'affirmer, pour prouver qu'elles tiennent la route. Ce n'est que plus tard, bien plus tard, qu'en fonction de la loi des cycles, elles retournent au créateur, lorsqu'elles en sont dignes. L'erreur est humaine, vous et nous passons notre temps à gérer l'erreur, à faire en sorte qu'elle ne soit pas inutile.

Qui a créé l'erreur en souffre, dans un monde comme dans l'autre. Son « rachat » intervient en bout de cycle quand de l'erreur sort la vérité, comme le fumier peut donner de bons fruits.

« Vous serez jugés à la qualité de vos fruits », dit une Tradition. L'erreur comme le mal n'est pas néfaste, à long terme, pour peu qu'on en assume la responsabilité. Si on n'explore pas les culs-de-sac, on ne peut dresser de cartes justes. Ces explorateurs ont au moins le mérite d'avoir pris des risques. Nous aimons ces gens-là.

Il est aussi stupide de brûler des chercheurs que d'en encenser d'autres. Ce que vous tenez pour vrai aujourd'hui sera une erreur, demain. Ce qui semblait faux sera confirmé juste. Personne ne peut jeter la pierre. L'évolution humaine est ainsi faite d'errements et de prises de conscience. La seule position sage à adopter face à la recherche et à la prise de risque, c'est le respect. Ces femmes et ces hommes conduisent l'humanité depuis la nuit des temps, et qu'on le veuille ou non, elle progresse.

*
* *

Tu voulais, Alain, en m'interrogeant, obtenir le témoignage d'une âme simple sur « l'au-delà », d'une personne de confiance qui ne chercherait pas à t'abuser, qui ne cherche ni honneurs ni gloire, de quelqu'un que tu sens confusément proche de toi depuis ta tendre enfance : ta mère.

J'ai mis du temps pour te répondre.

Il faut que tu le comprennes. Même ici, nous ne sommes rien, tant que nous n'avons pas découvert notre « courant ». Moi, je vis avec toi depuis bientôt quarante-cinq ans, intégrée à ton âme, silencieuse et impuissante bien souvent, sauf quand tu ouvres ton cœur. Je ne sais pas plus que tu ne sais, je ne peux pas plus que tu ne peux.

Quand, par contre, tu as éveillé ta conscience,

quand tu as prié pour nous avec toute l'énergie qui t'est propre, quand, de ta prison de Kaboul, tu as réussi à t'évader au plus profond de toi-même, tu nous as soudain propulsés vers les sphères de la compréhension. Tu as alors reçu énormément, nous étions du voyage et nous en avons tous bénéficié.

Mais ce n'était pas suffisant. Ensemble nous avons posé des questions, ensemble nous avons cherché à savoir. Nous, tes proches, tes accompagnateurs, l'Esprit qui est en toi, nous avons reçu l'autorisation de te parler directement. Tu nous as suffisamment élevé pour que nous soyons désormais un pont entre toi et notre Source. Ce pont est solide, je n'en suis qu'une petite pierre, mais j'ai maintenant le droit de te répondre.

Voici mon témoignage.

*
* *

C'est simple et compliqué à la fois la mort. Elle est violente, pour certains. C'était mon cas. Pour d'autres il y a lutte, longue résistance, agonie. D'autres enfin, les mieux préparés, partent simplement, dans le calme, la confiance ou la résignation. Lorsque le moi véritable se sépare de son enveloppe de matière, le véhicule, il rejoint ce que j'appelle un « espace de décantation », qui se situe ici et nulle part, dans une dimension encore inhabituelle aux hommes d'ici-bas, bien que certains aient eu la chance de l'explorer.

Dans cet espace, comme dans une auberge espagnole, on trouve ce qu'on y apporte, ses bagages en quelque sorte. L'esprit doit s'adapter à un environnement qui lui est plus ou moins étranger, cela prend du temps, une notion toute relative ici : nous ressentons le temps, nous ne le comptons pas, du moins dans cette première étape. C'est le moment où tout peut arriver, le meilleur ou le pire, le plus souvent ce qu'on n'a pas prévu, comme dans l'univers onirique. Il s'agit de faire le tri dans les bagages, de déterminer l'important, d'évaluer le superflu, tout seul, sans contacts conscients avec ceux qui peuvent te réconforter. Ils sont autour de toi, prêts à t'aider, mais tu ne le sais pas. Moi, du moins, je ne le savais pas.

Il arrive aussi qu'attendent des esprits moins bien intentionnés, ceux qui ont souffert par ta faute — en la matière le monde spirituel et le monde matériel sont étroitement liés. Tous ne sont pas enclins au pardon et à la compassion.

Au cours de cette première étape, il faut faire le point face à soi-même. C'est un auto-jugement, sans complaisance ni faux-fuyants. Tu n'as pour référence que ta propre loi, ton expérience, tes convictions, ta philosophie, tes principes religieux, ta morale. L'homme, confronté à sa mémoire, découvre ce qu'il est, sans ambiguïté, sans oubli, comme si, en repassant au travers des filtres de sa propre conscience, il en ressortait nu.

Il n'y a alors ni grands principes, ni système de pensée universelle, ni Sauveur, ni rien à quoi s'accrocher. Tu es seul, tu ne peux compter que sur toi. Pour en sortir, tu dois tomber d'accord avec toi-même, sachant ce que tu es et ce qui te manque. Ainsi se détermine le niveau d'évolution qui permet ensuite de s'orienter.

Tu peux compter sur l'aide des anciens, ces esprits qui t'ont précédé et qui, en règle générale, ont profité de ton passage sur terre pour évoluer, eux aussi.

Après plus ou moins de temps, plus ou moins de confort, l'âme libérée va rejoindre par affinité le courant qui lui convient. Un nouveau cycle commence.

*
* *

En ce qui me concerne, après ma mort, j'ai erré plusieurs jours qui m'ont paru des siècles dans cet espace de décantation. Je l'ai déjà dit, je n'y étais en rien préparée. Certes, j'étais croyante, à ma façon. J'avais en quelque sorte épousé une religion, le catholicisme, qui était de bon ton dans la petite société française du Viêt-nam. Mon engagement spirituel se limitait à la pratique mondaine, j'assistais aux offices, lorsqu'il fallait s'y faire voir. J'avais laissé passer tout ce que le petit peuple qui m'entourait, imprégné de bouddhisme, aurait pu m'apporter, en termes de sagesse et d'évolution. Je me suis, comme une nunuche, pliée aux convenances du milieu. Pour ma défense je ne pouvais invoquer que le bon vouloir, ce qui n'est pas suffisant. Je ne ressentais pas, comme je l'aurais dû l'injustice ambiante, propre aux sociétés coloniales. Je me contentais de ne pas faire de mal, enfin d'en faire le moins possible, selon les critères de l'époque.

Je n'ai donc compris ni ce qui m'arrivait, ni ce qu'on voulait de moi. Je me suis bien sûr « sentie » mourir, mais cela a été rapide. Je n'ai pas vraiment réalisé. Brutalement séparée de l'enveloppe terrestre, je ne gardais en moi qu'une impression de lumière violente accompagnée d'un bouillonnement de pensées saugrenues, incohérentes. Une avalanche d'images-pensées se libérait, ma vie, comme si je l'avais enfermée dans une boîte trop petite. Plongée dans cet environnement étranger, isolée, mal à l'aise, j'avais peur. Pourtant, je n'étais pas terrorisée, je pouvais voir et penser.

*
* *

J'avais fait le grand saut. C'est exactement le terme qui convient. Je laissais derrière tout ce que j'aimais : toi, ton père, englouti par cette guerre étrange, ta *chi-hai*[1], cette bonne fille qui faisait tout chez nous et qui était devenue mon amie, ta grand-mère aussi, ma propre mère, que je croyais recluse dans un couvent bouddhiste. Je l'avais perdue de vue, les événements restreignaient alors considérablement notre liberté de déplacement, et

1. Nourrice vietnamienne.

j'ignorais qu'elle m'avait précédée ici, de peu. Elle est morte dans la paix et la sérénité, en priant pour nous, pour ces deux parties d'elle-même, le Japon et la France qui allaient s'affronter, pour son ancien clan, celui des Kuramoto d'Hiroshima qui « l'avait oubliée », pensait-elle et qui allait connaître l'enfer. Elle priait aussi pour ce peuple d'Indochine qui lui avait fait une place et qu'elle avait adopté dans son cœur. Tu lui dois beaucoup, c'est elle qui, d'ici, a fait de toi ce que tu es.

Je n'étais donc pas seule. Avec ma mère et les siens, le « marin des mers de Chine », mon père, était là, et quelques membres de sa propre famille, des Bretons. *A priori* des mondes nous séparaient, ils étaient pourtant tous là, prêts à m'assister une fois terminé le voyage au travers de moi-même. Je sentais leur présence, sans pouvoir m'expliquer ce phénomène bizarre qui consiste à ressentir sans rien voir, sans rien entendre, sans rien comprendre. Des flots d'affection me parvenaient, c'était leur façon de m'aider à traverser l'épreuve.

Cette force d'amour, à elle seule, suffisait pour me rassurer. Je n'étais pas perdue, le chamboulement, je le sentais, n'était que passager, mais sa violence me faisait aspirer au néant. Sentiments, sensations, idées reçues, idées acquises, flashes et tranches de vie, surréels de netteté, se bousculaient, se percutaient, s'amalgamaient, se défaisaient, se réimbriquaient, me submergeaient, m'agressaient. J'ai prié, pour avoir la paix, tous les dieux qui me traversaient l'esprit et, crois-moi, l'Asie n'est pas bégueule pour adopter des divinités.

Puis un jour, je suis bien incapable de te dire au bout de combien de temps, elle s'est installée, la paix, en moi et autour de moi. J'avais atteint une position d'équilibre ou chaque composante de mon véritable moi s'était mis, sinon d'accord, du moins en accord, avec le reste. Et Dieu qu'il est complexe, ce reste. Les expériences que tu as connues, au début de ton emprisonnement à Kaboul, ne sont qu'une approche de ce qui vous attend tous, après la mort.

J'ai retrouvé ma mère, mon père, et une quantité de gens que je ne connaissais pas, que je pensais ne pas connaître. Certains avaient partagé tout ou une partie de mon existence. Ils étaient moi, j'étais eux et je ne le savais pas. Nous parlerons de cette notion plus tard si tu le veux bien.

*
* *

Pendant cette période de « décantation », quand j'ai compris que j'étais morte, la plus intense souffrance, la déchirure, c'était toi, tu t'en doutes bien. Je te laissais tout petit et, je le pensais, seul, isolé, sans famille, sans abri, livré aux convulsions de la guerre, parmi un peuple vietnamien qui commençait à manifester de l'hostilité face aux occupants français ou japonais. Tu étais et français, et japonais, combinaison rare à Haiphong. Sans défense, tu étais une victime potentielle. D'autant que les Japonais, après avoir rompu l'état de non-belligérance, recherchaient les Français et les descendants de Français, y compris les enfants, avec un zèle qui excluait toute tendresse.

J'étais au ciel, comme on dit, et bien embêtée d'y être. « Pourquoi, pensais-je, le destin s'acharnait-il sur moi, en m'ayant faite différente des autres femmes, en m'imposant une existence hors-norme, puis en m'arrachant à l'existence, alors que j'avais tant de choses à faire ? »

Inconfortable incubation. J'avais le sentiment de trahir et d'avoir été trahie. Je trahissais mon devoir de mère en t'abandonnant. Il n'est pas besoin de te faire un dessin sur ce que je ressentais alors à propos de ce f... Destin, de cette s... de Providence ou de cet e... de Karma. Je n'étais pas coutumière des termes crus, mais en l'occurrence, je trouve ton vocabulaire trop faible. Et c'est de la pensée pure que j'émettais. Il t'est arrivé, à toi aussi, d'insulter Dieu, dans des circonstances presque similaires. Multiplie cela par mille, c'était mon état d'esprit d'alors. Rien ne peut exprimer la révolte d'une mère à laquelle on arrache son enfant.

Tu vois maintenant d'où venaient ton émotion et ta colère quand tout gosse, tu entendais parler de la Solution Finale, de ce que se permettent en la matière ces monstres qui se prétendent des hommes. Cette horreur et cette révolte ne t'ont jamais quitté, c'est moi qui te les ai transmises.

*
* *

Chacun doit traverser, dans un monde ou dans l'autre, une période d'examen intérieur. Jours? semaines? qu'importe au fond, car tout passe, même le plus dur. J'ai bénéficié, quant à moi, de circonstances relativement exceptionnelles, elles m'ont facilité ce passage. J'étais une victime de guerre, la bombe en m'emportant m'a ainsi procuré un soutien considérable : celui des autres victimes qui m'ont précédée, dont l'Esprit plonge ses racines dans la justice et la compassion.

Une mort violente survient parfois avant qu'âme et esprit n'aient pu parvenir à l'accord dont je parle plus haut, une forme grossière d'harmonie. La vie terrestre, si elle est bien comprise, par les épreuves qu'elle impose, mène à cet accord, comme le prouvent ceux qui partent en paix, sereins, confiants. Ils sont attendus, ils savent que tout va bien. Les victimes de mort violente, par contre, sont *a priori* condamnées à compléter le cycle d'épreuves dans l'univers spirituel. Tout est plus intense ici. Il y a donc injustice apparente.

*
* *

L'entrée dans l'au-delà n'obéit pas à une règle générale, puisque tout est fonction des « bagages », tout dépend de l'individu, de son degré d'évolution, de connaissance, d'importance même. Un être simple ne subira pas la même profondeur d'analyse qu'un individu complexe, riche d'expériences et de talents. Il s'agit exactement de cela, une auto-analyse commandée à distance, dont les pilotes sont hors de portée consciente du sujet.

Ma mort violente et l'état de révolte latente dans lequel je marinais m'ont attiré ce que tu appelles des « ennuis en période bloquée ». J'ai eu droit au grand jeu, avec une féroce intensité. En contrepartie, cela n'a pas duré trop longtemps. Voilà la faveur accordée aux victimes d'une mort injuste, violente, non préparée. L'énergie qu'elles reçoivent leur permet de sortir plus vite de ce pétrin-là. Aujourd'hui, avec le recul, je pense que mourir de la sorte est une bénédiction. J'étais jeune, mon passif n'était pas trop lourd, j'ai été infiniment aidée.

Cette aide provient de ceux qui ont traversé des expériences similaires. Les victimes de guerre, en particulier, les victimes de la sauvagerie humaine en général, sont, tu t'en doutes bien, nombreuses. De la solidarité de ces anciens émane une manifestation de l'Esprit qui vient renforcer les anges gardiens, les accompagnateurs. Pour moi, cette manifestation s'est traduite par des effluves d'amour. Je pensais couler, ils m'envahissaient, et je flottais. Je me croyais perdue, ils me soutenaient, j'en suis sortie.

A ce soutien s'ajoutait une autre force, d'amour elle aussi, de consolation, une force paisible. Autre manifestation de l'Esprit, elle provenait de la volonté commune des femmes, des mères, qui avaient laissé leur enfant derrière elles — contraintes ou non. Ceci pour bien signifier qu'une femme qui abandonne son enfant volontairement doit un jour ou l'autre faire un retour sur elle-même, pour en général conclure « plus jamais ça ». Elle finit le plus souvent par rejoindre celles que le destin a arrachées, physiquement, à leur petit. Tu l'as baptisée, cette entité, Marie, la Mère universelle, en la recouvrant du manteau de la Mère du Christ. Elle existe, cette entité, elle est puissante : c'est nous, tout simplement, toutes les femmes qui ont souffert de cette déchirure : perdre un enfant. Nous nous retrouvons en Elle, quel que soit le nom qu'on lui donne, quel que soit notre chapelle ou notre philosophie, car il s'agit du symbole de la maternité, qui, transcendé, rejoint celui de l'amour universel.

Ceux qui ont l'esprit scientifique le comprendront sans peine : l'intensité des émotions traversées lors de l'auto-analyse est directement proportionnelle à l'énergie qui nous habite. Il va sans dire qu'avec tous ceux qui s'occupaient de moi, j'en étais bourrée, d'énergie. J'ai souffert le pire, pendant peu de temps. J'ai connu le meilleur.

Bien que mère et victime de guerre, il n'y avait pas que du bon, en moi, puisque, pour ce ménage intérieur, j'ai dû traverser l'enfer. Il reste du chemin à parcourir, pour l'espèce humaine en général et pour sa composante féminine, en particulier. Bien qu'il me soit difficile de séparer les genres — hommes ou femmes, nous faisons partie d'un même ensemble —, je dois, en tant que femme, faire mon mea-culpa. Des tas de choses me gênaient aux entournures : jalousie, égoïsme, envie, inconscience, irresponsabilité... Ma langue de vipère n'avait pas semé que du bien autour de moi. J'étais une femme « comme les autres », et comme les autres j'avais mes « différences », plus ou moins bien vécues.

En chacun d'entre nous il y a une base morale, l'assise de la conscience. Cette base morale est notre loi, la conscience, notre juge. Tous les coups de canifs, les accommodements, les compromissions, les lâchetés sont passés au crible de la conscience. Il arrive que ça coince. Mais vous récoltez aussi, en énergie, le bien que vous avez fait, l'amour que vous avez donné, et cette énergie permet de débloquer bien des choses. Alors, quand les Puissances s'en mêlent, tout passe. J'en suis sortie nue, peut-être, mais intacte, avec une vision élargie. J'ai pu librement choisir ce que je voulais faire.

Je me suis condamnée à revivre.

*
* *

Il est bon de comprendre que tout « changement de système » implique un chamboulement de l'acquis : les règles, l'environnement tout est différent... Passé une certaine limite, l'être n'est plus le même, sans être vraiment différent. S'il fallait illustrer cette notion, pensez au citoyen lambda qui atteint les plus hautes fonctions de l'État. Il perd beaucoup dans le processus — liberté de déplacement, liberté d'expression, liberté d'action même... —, mais il gagne encore plus — prérogatives du pouvoir, vision globale, moyens d'action...

Ce qui ne signifie pas que la mort nous propulse automatiquement vers le haut, loin s'en faut. Comme partout, pour grimper, il faut donner du sien. Nous laissons derrière l'acquis matériel, la fortune, le statut social, des tas de bonnes choses indispensables pour beaucoup.

Comme le Juif errant, tu emportes ce qui est en toi, et que personne ne peut te prendre. Ce que tu risques de pire est d'avoir à le partager, ce n'est pas toujours insurmontable.

Car ici, les gens, enfin des âmes, t'attendent pour partager ton butin. C'est exactement de cela qu'il s'agit : « Tu sors d'un voyage plus ou moins long dans le monde de la matière perceptible, la "terre", voyons un peu ce que tu ramènes », disent les bonnes âmes qui entendent partager le gâteau. Et dans le fond, il est juste qu'elles bénéficient de la récolte, *car elles t'ont aidé à l'engranger*. Tu reviens « d'en bas », tu étais leur réincarnation, où donc se trouve leur profit ? Les paraboles de Jésus sont explicites sur ce sujet.

Souviens-toi de ce qui est fondamental : un être, plongé dans le monde physique ici-bas, n'est jamais seul. L'Esprit l'accompagne, car la vie, telle que vous la concevez est une manifestation, donc une prérogative de l'Esprit. Ceci pour les influences lointaines. L'Esprit est issu « d'entités » dont le degré d'indépendance, ou d'individualité, est variable. Variable avec le temps, variable avec le but poursuivi. Garde en mémoire que la montée en puissance du Troisième Reich était bel et bien une manifestation de l'Esprit.

Les Puissances spirituelles qui nous gouvernent ne sont pas toujours d'accord sur les moyens, mais un consensus s'établit toujours, quant aux objectifs à long terme. Cette période inhumaine, hélas, a été estimée nécessaire, comme tant d'autres que vous ne pouvez expliquer.

Je suis, je le rappelle, une victime de l'époque.

Là intervient la liberté fondamentale sans laquelle l'homme ne pourrait pas se forger : si les événements qui ont chamboulé l'univers pendant cette sombre période étaient prévus ici, au sommet de notre Hiérarchie, la conduite au jour le jour, le pilotage à vue, incombaient entièrement à des êtres humains d'ici-bas et aux esprits qui les accompagnaient, certains lucides, d'autres aveugles.

Pour illustrer ceci, pense au capitaine qui, sur ordre, va charger dans un port du bout du monde : le choix de la destination ne lui appartient pas, la route, par contre, les décisions tactiques sont de sa responsabilité. Fasse pour l'équipage que le chef soit bien inspiré !

Ainsi en est-il de l'homme en particulier et de l'espèce en général. Fasse qu'au sommet, les grands de l'Esprit ne se trompent pas, quant à la direction où l'humanité s'engage ! Ils s'en expliqueront dans les pages qui suivent.

Voilà l'homme ballotté par les « événements » et pourtant responsable de sa conduite. Et qui n'est pas seul. En deçà de l'Esprit, avec une majuscule, dont l'influence, en général, est diffuse, se trouvent les « accompagnateurs », les anges gardiens, qui revivent au travers de toi, engrangeant grâce à toi l'expérience qui leur fait défaut. Qui sont-ils ?

Plutôt que de continuer dans les généralités, j'ai trouvé ici, après ma mort dix âmes qui me voulaient du bien. Si je m'exprime ainsi, c'est pour cacher le fait que certaines d'entre elles avaient bien des raisons d'être fâchées. C'est facile à comprendre.

Elles ont passé leur temps à me souffler des conseils que je n'entendais pas. « Il n'est pire sourd, a dit Jésus, que celui qui ne veut pas entendre. » Je n'en faisais qu'à ma tête. J'étais une volontariste. Selon ce qui m'arrangeait, j'écoutais ou j'occultais mes voix intérieures, je cédais ou non à mes instincts, à mes impulsions, sans chercher à comprendre, sans m'ouvrir vraiment. On ne peut trouver l'harmonie si on ne se livre pas, on ne peut prendre ce risque si on est pas solide. Je n'étais ni solide ni harmonieuse, je n'avais pas trouvé ma voie. Tant qu'on est pas d'accord avec soi-même, on ne peut trouver d'accord chez les esprits qui accompagnent. Ils font un mauvais voyage.

Et dans un sens, c'est très bien ainsi. Qu'aurais-je été, que serais-je devenue, si je m'étais livrée pieds et poings liés aux influences parfois contradictoires de ces bonnes âmes, venues de temps reculés qui, à mon avis, ne comprenaient rien à mon époque. Avant l'harmonie, il faut découvrir la sagesse, ta grand-mère est arrivée trop tard.

Mais quels qu'aient été ces différends, les anciens font partie de moi. Sans eux je ne serais pas, ils avaient besoin de moi. Sur terre, j'étais un grain de sable et je ne voyais pas la dune. Comme une mariée américaine j'avais en moi du neuf, petite âme issue de la matière terrestre, ce panier dont je parlais plus haut, et du vieux, mes « réincarnations », ces âmes qui avant moi ont vécu et sont devenues moi-même.

*
* *

Elles venaient d'horizons divers. D'Europe et d'Asie, hommes et femmes dont les expériences terrestres sont aussi variées que leurs origines. S'ils « s'accordaient » sur l'essentiel, ils se trompaient souvent et dans l'analyse et dans la marche à suivre. Au bout du compte, c'est souvent le « véhicule » terrestre qui l'emporte, sauf cas de folie ou de manifestation guidée de plus haut. Tu connais. Vos spécialistes considèrent d'ailleurs ces manifestations comme des cas psychiatriques, puisqu'ils ne comprennent pas. Ceci n'a pas toujours été le cas, tout peut encore changer.

Nous abordons une donnée complexe, peut-être vaut-il mieux procéder par analogie. Le sur-moi, tu l'as compris, est constitué d'entités simples ou complexes qui développent entre elles des affinités, ciment de toute construction spirituelle.

Il en est du sur-moi comme des associations humaines. Avec un but, une volonté commune et une bonne cohésion voilà une entité efficace. Ajoutes-y le nombre, c'est une entité puissante, ou une entité de puissance, comme tu le dis parfois.

Le nombre et l'expérience — tu me comprendras plus tard —, des accompagnateurs directs, déterminent l'étendue et la profondeur de tes intérêts. Inversement, de ce que tu penses, de ce que tu fais, dépend la qualité de ces mêmes accompagnateurs. Sauf « condamnation » particulière, un ange gardien, comme on les appelle aussi, n'est pas tenu de rester là où il ne se sent pas bien. Certains peuvent te quitter, d'autres prendre le train en route. Ceux qui restent, même s'il y a désaccord, le font par amour, l'affinité forte qui permet d'encaisser tout le reste.

Parfois, des alliances s'établissent entre sur-moi différents, profondes ou *ad hoc*, avec pour manifestation tangible sur le plan terrestre un rapprochement physique, intellectuel, spirituel entre les véhicules concernés. Le « meneur de jeu », dans ce cas de figure, voit sa puissance considérablement renforcée, comme une association qui recevrait le soutien d'autres associations sur un programme précis.

Dans ce domaine, regarde autour de toi : toutes les structures qui regroupent les hommes existent aussi chez nous. Une constante s'en dégage.

Avant que n'émerge un leader, c'est, hélas, l'intérêt du plus grand nombre de le tester en profondeur, de juger sa capacité à surmonter l'épreuve. Cela commence en général au niveau du sur-moi, car les entités qui le compose se doivent d'éprouver leur cohésion, mais aussi la solidité du véhicule. Comme elles ne sont pas isolées, d'autres entités, d'autres sur-moi, peuvent intervenir. Lorsque les Puissances s'en mêlent, ceci devient souvent pénible. Ce sont les claques, comme tu dis, les « coups du sort ». D'autres parlent d'épreuves initiatiques.

Un peu comme si Quelqu'un, Quelque part, connaissait le risque encouru quand on installe un moteur trop puissant sur un chassis fragile.

*
* *

Lorsque j'ai rejoint mon équipe ici, que s'est-il passé ? Après la période de décantation, je me suis rendue compte qu'elle m'avait préservée d'embûches graves. Elle m'avait protégée du mieux qu'elle avait pu. Contre la bombe, que pouvait-elle faire ? « C'était mon heure », comme disent certains, je n'en suis pas mécontente. Nous te l'avons dit en prison : nous pouvons détourner l'attention du tireur, si le temps n'est pas venu, mais nous ne pouvons pas dévier le projectile.

J'étais une âme imparfaite, sans doute, mais honnête, sincère et courageuse. Et j'aimais. Tel était mon bagage.

C'étaient — ce sont — des âmes simples, mes accompagnateurs. Qu'ont-ils tiré de ma vie ?

Peu de choses à mon goût. J'aurais voulu leur offrir davantage. J'étais une révoltée passive, ils ont acquis, en souffrant avec moi une sérénité de groupe qui leur faisait peut-être défaut, à l'origine. J'ai aimé un homme, j'ai aimé un enfant. Ils ont aimé avec moi, ils m'ont adoptée.

Les tiraillements intérieurs qui m'empoisonnaient l'existence, issus d'un mélange de races — donc d'influences — et d'une société artificiellement complexe, ils les ont vécus avec intensité. Mes périodes heureuses ont été ressenties ici, avec plus de force encore.

Car, débarrassés de notre lourde carapace terrestre, nous vivons avec acuité dans le monde des sensations profondes. Nous ne connaissons pas la douleur physique, mais nous avons pire : les chagrins, les regrets, la peur, les haines, les jalousies, les idées noires, les douleurs morales transmis par le « véhicule » et amplifiés par notre état. Nous faisons partie de l'univers de la sensibilité spirituelle, nous n'avons plus de corps tampon pour filtrer les émotions.

Inversement, tu qualifierais d'immodéré ce que nous ressentons avec l'amour, l'affection, l'amitié, la joie, l'espérance, la foi, la musique, la créativité, l'intelligence...

Ceci n'est pas exhaustif.

L'intensité de nos perceptions est proportionnelle à la puissance qui nous habite. L'échelle est vaste. Tu comprendras sans peine que si nous nous laissions submerger, notre capacité de réflexion, notre efficacité en serait singulièrement amoindrie. C'est pourquoi, plus encore que sur terre, le contrôle de soi est vital. Nous aspirons tous à la sérénité active.

J'ai été, pour mon sur-moi, un trait d'union. Autour de ma petite existence terrestre a pu se développer une certaine compréhension entre des composantes ethniquement disparates. Nous n'avons pas atteint l'harmonie, de mon vivant, aussi avons-nous décidé de continuer le jeu.

Ensemble.

Bons pour un autre tour de service, en quelque sorte, une autre réincarnation. Nous avons rejoint ta grand-mère maternelle, les siens, et ceux de ta branche paternelle qui s'occupent de toi depuis ta naissance. D'autres depuis sont venus nous rejoindre.

Voilà pourquoi je me suis « condamnée à revivre ».

*
* *

Ces fusions se font par affinité. Contrairement à vous qui ressentez sympathies ou antipathies sans trop pouvoir vous l'expliquer, nous « voyons », nous savons immédiatement si nous sommes compatibles ou non. Nous nous sommes vite intégrés à la petite équipe qui t'a pris en charge dès ta naissance. Ce n'était pas difficile, ils étaient « des nôtres ».

Là se pose le problème de la filiation. Il est certain que les anges gardiens se recrutent plus facilement parmi les proches. Mais parfois, des âmes isolées peuvent se retrouver « en charge », par choix ou par obligation.

Ces âmes peuvent avoir été rejetées du sein d'entités complexes. La compatibilité peut ne pas résister à l'évolution. Elles peuvent aussi se séparer volontairement d'une association, pour développer quelque chose d'autre. Enfin et surtout, il peut s'agir d'âmes neuves, lâchées en quelque sorte par leurs accompagnateurs.

Ce sont de pauvres âmes qui démarrent tout en bas de l'échelle.

Chez nous, l'égalité absolue n'existe pas. Tout au plus y a-t-il possibilité d'évoluer, pour tous. Nous pouvons dire que le potentiel d'évolution est le même pour chacun, mais que les traits de caractère que nous développons, le type de construction que nous choisissons, ralentissent ou au contraire accélèrent le processus.

Certains des miens auraient pu s'échapper vers un plan supérieur, car cette possibilité existe, quand on est prêt. C'est une forme de mort, si tu veux, moins traumatisante pour ceux qui restent que chez vous. Car ici nous « savons », nous gardons des liens. C'est rassurant, au fond, d'avoir des alliés bien placés dans les Sphères de Puissance.

Ils ne l'ont pas fait, par choix semble-t-il.

Tu es en train de te dire qu'il y a beaucoup de monde à lire par-dessus ton épaule. C'est vrai et c'est faux à la fois.

*
* *

Nous avons parlé de fusion, d'entités complexes, d'âmes simples... Toutes ces notions nous sont utiles maintenant. Il s'est passé, chez moi et autour de moi, un phénomène de fusion, un regroupement d'âmes simples, qui constitue aujourd'hui une entité complexe au sein de laquelle chacun perd son identité — à quoi nous servirait-elle ? nous n'étions rien. Aussi, lorsque tu m'interroges, moi, ta mère, ce n'est pas Louise de la terre qui répond. C'est un peu elle et beaucoup plus. C'est aussi comme si tu t'interrogeais toi-même.

Car se réalise actuellement une nouvelle fusion, entre toi, ce que tu appellerais ton toi véritable, et nous, cette entité complexe qui t'entoure. Tu vois, tu penses parler à Louise, eh bien je suis Louise, et les autres. Il te faudra venir chez nous pour le comprendre.

Depuis ton séjour à Kaboul, il y a eu beaucoup de remue-ménage autour de toi. Beaucoup d'âmes innocupées, elles existent — ce ne sont pas toujours les meilleures —, sont venues voir s'il n'y avait pas une place à prendre.

Ces âmes innocupées sont celles qui n'ont pas encore fait le point. Elles n'ont pas quitté leur « espace de décantation ». C'est un processus qui peut être bref et intense, c'était mon cas, ou long et fastidieux. Il arrive, hélas, que ce soit long, intense et très pénible. Entrent en question l'énergie, la puissance intérieure et l'intervention externe.

Tu as prié pour certaines de ces âmes, tu les as acceptées dans ton jeu. Et c'est très bien ainsi. Ce faisant, tu les aides et tu te renforces. Tu facilites leur auto-analyse, mais en contrepartie tu te charges de leurs problèmes. Ça t'a conduit au suicide. Ce sont ces âmes tourmentées qui t'ont poussé, à

Kaboul, à tester, à coups de tête, la solidité des murs de ta prison.

Nous t'avons protégé, à ce moment-là. L'heure n'était pas encore venue.

Certaines de ces âmes se fondront en nous, naturellement. D'autres devront nous quitter. C'est ainsi. Comme sur terre.

Tu t'es renforcé, tu nous as renforcés, en traversant les épreuves qu'elles t'ont imposées, avec notre accord. Elles ne peuvent plus grand-chose contre toi. C'est la meilleure des protections, celle que nous emporterons partout avec nous : la résistance intérieure, l'une des voies vers la sérénité.

Pour simplifier, tu as aujourd'hui autour de toi une entité complexe qui s'exprime par ma voix, plus quelques âmes isolées, pour quelque temps encore. Nous tendons vers l'unicité. Quand la fusion parfaite sera réalisée entre toi et nous, alors nous saurons véritablement qui nous sommes, nous pouvons même dire : qui tu es.

*
* *

Toute fusion, toute fission, consomment et dégagent de l'énergie. Ainsi en est-il dans le domaine de l'esprit. Pour le meilleur comme pour le pire.

Que l'énergie nous soit envoyée d'En Haut, ou que nous puisions dans nos ressources propres, des courants s'établissent, comme sur terre. Quand le courant passe, chacun peut alors puiser selon ses besoins, chacun peut fournir selon sa capacité. Si les besoins sont trop importants, disproportionnés, ces échanges sont violents, explosifs, avec pour conséquences vos crises et vos guerres. Si le besoin est fort, mais canalisé, alors naissent ces flux puissants qui portent l'humanité depuis l'aube des temps. Car l'énergie est neutre, c'est à l'homme de lui donner un sens.

Tous les modèles sont dans la nature. Il vous appartient de regarder et de comprendre, ce que de mon vivant je n'ai pas su faire.

*
* *

Tel est mon témoignage. En te parlant j'ai voulu rester lucide, ce n'est pas toujours facile quand on aime. Car le cœur aveugle autant que la raison. Rester dans le juste milieu, s'exprimer avec l'intelligence du cœur, exige de prendre du recul. Je dois donc m'effacer. Ce qui suit est un travail de groupe. Tu écris, mais une Force t'inspire, une Force familière à de nombreuses Traditions.

Nous sommes trop proches de toi, désormais, pour ne pas savoir qu'il y a libre choix de ta part. Tu as longtemps hésité. Nous avons insisté. Quand nous te demandions qui tu étais, tu répondais : « un homme, un voyageur, un témoin ». Aujourd'hui, tu es un « messager ».

Tu restes un homme responsable. C'est ta volonté, c'est aussi la nôtre. Voilà ce que nous vous souhaitons, hommes et femmes de bonne volonté, quelque soit votre « niveau », quelles que soient vos forces, quelles que soient vos faiblesses : soyez des Hommes, soyez responsables, travaillez ensemble. Et pensez à nous.

Nous appartenons au monde où on ne dit plus : que Dieu nous entende ! Nous savons que Dieu nous entend. Qu'il en soit ainsi pour chacun d'entre vous.

Le Père

Nous sommes plusieurs ici. Nous appartenons à ce que certains appellent l'Univers des Puissances spirituelles, ce qui nous semble un peu ronflant. Beaucoup, parmi nous, privilégient la Connaissance, même s'ils reconnaissent que le merveilleux reste un droit. Enfin ! nous sommes des êtres désincarnés, anciennes femmes, anciens hommes, faits jadis de chair et de bien d'autres choses, comme vous. Issus de l'espèce humaine, nous en faisons toujours partie.

En notre temps, nous aussi, comme le scribe, avons bénéficié d'une assistance qualifiée à tort d'extra-humaine dans nos recherches. Elle est intégrée dans nos œuvres et nos enseignements. Nous sommes ces chercheurs de vérité qui, depuis que le monde est monde, se penchent sur la question : qui suis-je ?

Nous avons, de notre « vivant », apporté des éléments de réponse. Nous continuons. Point n'est besoin de nous nommer. Du plus grand au plus humble nous sommes les pierres d'un même édifice, nous formons un tout. Nous n'avons pas toujours été insensibles à la gloire, à la fierté qui découle de l'ouvrage bien fait, car ceci est un moteur d'évolution. A notre niveau cependant, nous ressentons la vanité de ces satisfactions face au chemin qu'il reste à parcourir.

Femmes et hommes du passé apparent, nous sommes, pour utiliser une vieille image, les éléments du Temple, cet hommage de la créature au Créateur, qui réalise le paradoxe d'accueillir en son sein la Puissance qui l'englobe. Ce Temple, comme une ville, vit, évolue. Seule la notion d'infini implique l'immuable, mais ceci nous dépasse, pour l'instant.

Le nom, l'identité telle que vous la concevez, n'a plus d'importance ici. Seule compte la Pensée vivante, celle qui s'enrichit au fil des cycles. Là est la transcendance. Par la pensée, nous vivons. Elle nous ouvre le chemin, sans elle nous ne serions rien, comme vous ne seriez rien sans les apports de vos ancêtres. Ne vous méprenez pas. Ce qu'ils vous ont transmis, vous pouvez parfois le toucher. Ce tangible, si vous y réfléchissez, c'est de la matérialisation de pensée, c'est avant tout de la pensée. Là est notre réalité profonde.

La pensée est vivante, rien ne peut la figer, pas même le sacré, cette notion que nous laissons à l'interprétation de chacun. Pour beaucoup d'entre nous, ici, qui la respectons, il ne s'agit pas de l'inapprochable. Tout peut être approché, pour autant qu'on soit convenablement équipé. Non, il s'agit plutôt de l'inabordable dans l'état actuel de nos connaissances et de notre compréhension. Cet inabordable existe, même pour nous, qui nous affirmons pourtant comme l'essence de la pensée humaine, proche, oh ! combien, de la Grande Pensée universelle.

Lorsque l'inabordable ne sera plus, c'est que nous serons dedans. Nous aurons enfin rejoint ce à quoi nous aspirons depuis la nuit des temps, nous fondre dans cette Grande Intelligence, que certains appellent Dieu, ou Allah, comme s'il fallait à tout prix lui donner une identité.

Au cours des âges, des manifestations du même ordre que celle-ci, la communication directe entre des univers apparemment distincts, ont été relatées sous forme de rencontres avec des anges, des messagers, des guides. C'est une question de terminologie. Nous aimons l'expression utilisée par Jésus : le Père.

Car le Père est une « entité » spirituelle — puisqu'elle fait partie du monde des esprits —, plus ou moins complexe selon les individus, plus ou moins riche aussi, plus ou moins « avancée » en matière de recherche. Nous ne sommes pas Dieu, loin s'en faut. Pourtant, comme le disait Jésus, nous sommes « proches » de Dieu, aussi proche qu'il est humainement possible de l'être aujourd'hui. Nous sommes multiples, comme les membres d'un collectif de chercheurs. Nous avons abandonné ce qui nous séparait pour nous concentrer sur ce qui nous rapproche, pour parler d'une seule voix, la voix du scribe, même si peuvent percer parfois des nuances de sensibilité. Que voulez-vous, nul n'est parfait, même pas un Père.

Nous procédons du même courant que les inspirateurs des Textes auxquels nous nous référons parfois, ils sont en Nous, nous sommes en Eux, comme vous nous avons évolué. La vraie sagesse impose de se remettre de temps en temps en question, nous allons nous y efforcer.

Ces textes sont relatifs à la Bible, à d'autres Livres sacrés ainsi qu'à certaines Traditions dont les origines, si elles dérivent d'enseignements de grands initiés, ne sont pas obligatoirement rattachées à l'écrit.

Il s'agit donc de mise à jour, fiable pour autant qu'on puisse cerner la vérité à l'aide de mots, de phrases, d'images. C'est la difficulté majeure de ce genre d'exercice, vous vous en rendrez compte au cours de cet ouvrage dont la dimension, en apparence énorme, est une simple fonction des limites de la compréhension humaine. Vous vous rendrez vite compte, si ce n'est déjà fait, que ces limites sont de deux ordres.

Le premier tient à la nature de l'homme, ce qui revient à dire que s'il les franchit un jour, ces limites, il faudra lui trouver une autre définition, l'homme sera devenu autre chose. Le second, librement choisi, à première vue, est fait d'œillères, d'aveuglements, de tabous, d'*a priori*, de tout ce qui limite le champ d'investigation naturel de l'espèce. Ce deuxième ordre de limite n'est pas néfaste, à proprement parler, il garantit souvent un certain ordre social. Ces limites disparaissent d'elles-mêmes, lorsqu'elles sont intégrées par la compréhension. L'homme en cage découvre alors le libre arbitre.

L'essentiel de l'Enseignement, lorsqu'on l'aborde sous l'angle des principes fondamentaux, garants d'une évolution harmonieuse, pourrait tenir en quelques pages. Les Textes et les Traditions qui ont forgés la conscience humaine, prise comme un ensemble, ont une portée universelle dans leur essence. Dans leurs applications, ils souffrent de la disparité des niveaux au sein de cette Conscience. Nous pourrions ici développer l'apparente contradiction qui oppose la foi et la recherche. Nous préférons donner notre définition de la foi : la confiance en l'existence d'une Lumière qui nous a visité à plusieurs reprises au cours de notre histoire, que nous approcherons, lorsque nous serons prêts, et en laquelle nous nous fondrons, si Elle le veut bien. Ceci posé, rien ne nous interdit de La chercher.

Pour certains, le temps de la soumission à un « ordre supérieur » est désormais révolu. Accepter, pour eux, c'est comprendre. C'est notre cas ici. Nous avons longuement cheminé, aveugles, tyrannisés, effrayés. Nous avons lourdement payé notre soif de savoir. Si nous ne « savons » pas tout, au moins ressentons-nous ce qui est essentiel, pour l'heure, à la compréhension du fabuleux destin qui est le nôtre, à nous, les hommes. Nous l'avons dit plus haut, audelà d'un certain seuil de connaissance nous serions autre chose.

Chercher, approfondir, progresser, c'est le moteur de notre humanité, avec en contrepoint les misères inhérentes à cette démarche. Les hommes en ont souffert, en souffrent, en souffriront, des théories intelligentes qui n'explorent que des culs-de-sac. Elles nous sont pourtant nécessaires, hélas, ne serait-ce que pour baliser les fausses routes.

Derrière l'exploitation de ces théories néfastes, certains voient le « maître du monde », le Fauteur de Puissance qui pousse les hommes à leur perte encore et toujours. Les plus grands enseignements ont été ainsi détournés, libérant des forces qui semblent de tout temps opposer la Foi et la Connaissance, comme si l'homme était un récipient trop petit pour contenir ce qui lui est donné.

C'est pourquoi nous sommes partisans de la recherche personnelle, intérieure et profonde, celle qui élargit la conscience et qui, lorsqu'elle s'appuie sur les principes fondamentaux, constitue le meilleur garde-fou contre les modes à l'origine douteuse.

Cette recherche est importante mais il faut prendre garde, cependant, à ne pas lui consacrer la totalité de votre énergie. Il faut vivre sa vie.

Vivez ! Ne vous torturez pas avec un hypothétique lendemain. Construisez-vous dans votre présent, apprenez à vous faire confiance, à nous faire confiance. Vous serez alors armés pour affronter l'imprévisible. Libres de peurs et de vaines angoisses, vous profiterez pleinement de ce qui vous est offert. Et vous trouverez votre « voie », en votre heure.

Ceci, nous en sommes conscients, est facile à dire. Gardez en mémoire que nous-mêmes avons « vécu » parmi vous, que nous avons partagé vos douleurs, avons subi la cruauté de cette première existence. Ce que nous vous conseillons nous a permis de tenir, de traverser intacts ce que vous subissez, et de nous retrouver ici plus forts, équipés pour évoluer.

Nous allons vous aider à comprendre. Le reste vous appartient.

1

Le système

Un premier regard sur l'homme

L'homme étant ce qu'il est, aucun message d'ordre moral ne peut lui parvenir sans comporter un minimum de menaces. Notre propos n'est pas de faire peur, les femmes et les hommes qui nous intéressent apprendront vite à se libérer de la peur. Il s'agit simplement de définir comment les choses se passent ici, comme Louise a commencé à le faire en introduction. Nous parlerons maintenant en termes plus généraux.

Pourquoi y a-t-il des « monstres » au sein de l'espèce humaine ? Où se situent les responsabilités ? Qu'en advient-il ?

Ceci est une question fondamentale, puisqu'une bonne partie de ce que vous subissez provient des petits et grands monstres que l'humanité génère, quelle que soit l'époque.

A cela nous répondons : Ces monstres sont des hommes, créés et influencés par l'homme. Ils sont aussi les outils de Dieu, dans un certain sens. Mais l'homme reste toujours aux commandes. Il nous suffit pour l'instant de dire :

L'homme a été, il est, il sera. Ceci implique que vous traînez tous une lourde hérédité, le péché originel disent certains, dont vous pouvez vous débarrassez en appliquant quelques principes de sagesse :

Ne faites pas aux autres ce que vous n'aimeriez pas qu'on vous fasse, aimez-vous les uns les autres comme Jésus vous a aimés, connaissez-vous vous-même, ne tuez pas, suivez les enseignements fondamentaux de votre Tradition.

Lorsque vous savez que vous n'êtes pas grand-chose, aussi grand que vous soyez, l'orgueil ne peut vous monter à la tête. Vous êtes protégés, vous ne risquez pas de devenir un monstre. Si vous n'aimez pas qu'on vous embête, vous n'embêterez personne, vous êtes là aussi protégés. Si vous vous aimez les uns les autres de l'amour qui libère, tout va bien, nul n'aura à en pâtir. Si vous ne voulez pas tuer, vous ne tuerez pas, sinon par accident.

Si, par contre, vous estimez que seule la « réussite » tangible importe, quels qu'en soient les moyens, si vous pensez qu'un idéal se défend à coups de fusil, et que la véritable puissance est quantifiable, vous n'êtes pas sorti de l'auberge. Vos contemporains non plus d'ailleurs.

Ainsi poussent les monstres. Nourris par la folie qui les entoure, engraissés d'illusion, manœuvrés par les esprits mauvais, ils sont, puisqu'ils existent, utilisés par les Puissances supérieures, celles qui sont proches de Dieu. Tout sert, le meilleur comme le pire. L'important en la matière étant de faire germer la compréhension de la folie.

Car il en est de la folie comme d'une maladie contagieuse. Ce n'est pas en exécutant les malades qu'on enraye une épidémie, mais en renforçant les capacités de résistance. Lorsqu'un monstre prend son essort, c'est que le terrain lui est favorable. Il s'agit d'un terrain humain, Dieu est bien loin de tout ça. Pour inverser la tendance, seul un grand choc peut se révéler salutaire.

Examinez ce que vous connaissez sous cet angle, vous comprendrez beaucoup. Chaque société est responsable des monstres qu'elle engendre, car si les conditions de leur émergence ne sont pas réunies, s'il n'y a pas résonance au sein du corps social, ni Dieu ni diable ne peuvent leur donner de consistance. Un criminel n'atteint le statut de monstre qu'à deux conditions : qu'il trouve des complices et que la lâcheté ambiante lui donne du courage. Là où règne la peur prospère le tyran.

Maintenant, qu'advient-il des monstres, dans l'univers spirituel ? Comme Louise l'a expliqué, se trouvent ici les victimes de tous les monstres de la planète, beaucoup d'entre elles ne sont pas encore convaincues des vertus du pardon. Ici le monstre est nu, ses alliés se débattent dans leurs propres problèmes, il récoltera la haine qu'il a semée. C'est une question de réciprocité, d'action-réaction, dont vous recevez les échos sur terre, malgré la pesanteur inhérente à votre monde, qui amortit les chocs ou qui les retarde.

Les réactions, chez nous, sont plus immédiates, à notre niveau, où le temps n'a pas la même valeur intrinsèque. Nous réagissons vite à l'injustice, à la sauvagerie, à la cruauté, fût-elle justifiable par des intérêts prétendus supérieurs. Car en ce domaine, il n'y a pas d'intérêt supérieur qui puisse justifier la souffrance délibérée infligée à des innocents, des enfants par exemple. Nous ne parlons pas de la sévérité, hélas nécessaire, mais de la volonté délibérée de nuire. Rien ne justifie cette volonté-là, et nous la combattons, avec les moyens qui nous sont propres.

Comme pour l'épidémie, nous préférons renforcer le bien plutôt que de détruire le mal. Toutes les périodes de turbulences ont vu surgir des figures « providentielles », c'est là que nous agissons. Nous ne faisons pas de miracles, mais dans la ville condamnée nous recherchons les femmes et les hommes de bien, ceux qui sont prêts à lutter, selon leurs moyens. Nous leur donnons l'énergie si nous trouvons chez eux le courage. Nous les inspirons s'ils ont la volonté. Nous les affermissons s'ils sont sincères. Encore nous faut-il les trouver.

Les grandes contractions historiques prennent leur origine dans l'abus : riches trop riches dans un monde pauvre, humiliations infligées au faible par le puissant, fanatisme, convoitise, cupidité, peur. Ce sont des périodes propices pour nombre d'individus qui peuvent, impunément en apparence, user ou abuser des pouvoirs que leur confèrent la situation. Dieu n'y est pour rien.

Les vrais criminels, ceux qui vivent pour défier les lois fondamentales de l'espèce, ceux qui répandent la haine et prospèrent sur la souffrance des autres ne peuvent attendre ici aucune liberté tant qu'ils n'auront pas accepté la loi de réciprocité : « Ce que j'ai fait subir, j'accepte de le subir en retour. » Ils sont dans une spirale sans fond dont ils ne peuvent sortir avant d'avoir atteint le plein accord, avec eux-mêmes d'abord, avec leurs victimes ensuite.

Cette spirale peut prendre la forme de réincarnations successives [1] qui les obligent à se nettoyer, de l'intérieur. Les anges gardiens veillent scrupuleusement au bon déroulement de ces nettoyages. Les monstres réincarnés rencontrent ainsi toutes les

1. Oui, la réincarnation existe, telle que certains la définissent : une âme prédestinée reçoit un « véhicule » terrestre, un corps. Selon les Traditions, car si l'Esprit influence les Traditions, il est influencé par elles. Nous aimons dire : l'Esprit qui est proche de vous. Cela vaut pour les individus comme pour les sociétés. Dans certaines Traditions, dont la nôtre, celle qui est proche du scribe, nous préférons cette autre forme de réincarnation qui est le suivi, par certaines âmes, de la vie terrestre. Le système des anges gardiens si vous préférez. Ceci dit, le choix appartient toujours à l'âme individuelle : enrichir son parcours dans l'Esprit ou dans la Matière. Toutes les âmes réincarnées ont un travail à accomplir. Ce n'est ni bien ni mal, c'est utile.

embûches, toutes les tentations, toutes les chausse-trappes sur leur chemin, ils doivent s'en accommoder. D'autres âmes les accompagnent par l'esprit, qui doivent suivre le même chemin, souvent par obligation. Et c'est dur. Tout, dans le monde spirituel, est ressenti avec plus d'acuité.

Là se trouve le « châtiment » que Dieu dans sa grande bonté réserve à ceux qui enfreignent ses lois. Il faut comprendre le sens de chacun de ces termes. Dieu, nous en parlerons plus tard. Mais il y a contradiction apparente entre la « bonté » ou la « miséricorde » divine et la notion de « châtiment », ou de rétribution, lorsque cette dernière n'est pas favorable à l'être qui en bénéficie. Nous utilisons à dessein le terme « bénéficier », car, lorsque le semeur a honnêtement travaillé, il est juste qu'il soit correctement « rétribué », qu'il bénéficie en quelque sorte des fruits de son labeur. Mais si le semeur a semé de l'ivraie, ou l'ortie, ou les ronces, il est juste qu'en retour il récolte l'amertume, l'irritation ou les épines. Il bénéficie donc des fruits de ses travaux. Et c'est grande justice que d'avertir l'homme : tu récolteras ce que tu as semé. Nul ne t'inflige de punition, nul ne te condamne, mais tu couds toi-même ton linceul selon le sens que tu donnes à ta vie. Fais-le bien, évite d'enfreindre les commandements fondamentaux de ta propre espèce, les lois naturelles, en somme, et ton linceul sera de lin blanc, pour autant que cette image puisse rendre l'idée de bonheur. Si tu répands la peine et le chagrin, si tu fais souffrir — que ça te fasse plaisir ou non —, si tu vas à l'encontre de ce que le bon sens te dicte — il ne t'est jamais demandé l'impossible —, attends-toi à un linceul d'épines.

Là se manifeste la sagesse et la bonté divine. L'espèce humaine n'est qu'une espèce parmi tant d'autres, elle subit les lois propres à sa nature, comme tout le reste dans le corps glorieux de Dieu. Tout y est bien agencé, bien équilibré pour que chacun se fasse justice suivant ses propres lois. On ne peut transgresser des lois qui ne sont pas les siennes. Il n'y a pas de « condamnation » divine. Certes, l'homme souffre de ses limitations, mais il a la possibilité d'évoluer, de comprendre, et de s'associer, au cours de sa vie terrestre, au grand œuvre de Dieu.

C'était l'essence du message du Christ [1], dont la manifestation humaine annonçait que l'homme pouvait ressusciter d'entre les morts, sans attendre un hypothétique « jour du jugement ».

Pour l'homme responsable, libéré par l'Amour, il n'y a pas, il n'y aura pas de « jour du jugement ». Car c'est au jour le jour que les actions se jugent, au jour le jour qu'elles se gravent dans la mémoire intérieure d'où elles ressurgiront pour cette confrontation qui ne peut être qu'individuelle, au moment de la mort physique. Tous les hommes n'ont pas atteint le même niveau de développement, certains plaident l'irresponsabilité et s'en remettent aux « mains de Dieu ».

---

1. Nous utilisons ici une symbolique chrétienne, bien qu'il n'y ait pas que des chrétiens parmi nous. Nous nous en expliquerons ultérieurement.

L'âme irresponsable sera alors guidée jusqu'à ce qu'elle puisse, un jour, s'affronter elle-même. Tout, ici, pousse l'homme esclave à accéder au statut d'homme libre, celui que nous appelons l'Homme. L'esprit soumis à la matière, doit redécouvrir sa véritable place en Dieu, plus fort, plus apte, plus utile. Tel est le destin de l'espèce.

Les premières hiérarchies

L'âme, une fois sortie de son auto-jugement, rejoint, si elle le veut et si elle le peut, une forme plus vaste, une entité de puissance, qui l'accueille par affinité. Ce sont les petits dieux, soumis, eux aussi, aux lois de l'évolution. Entités autrefois divinisées, elles rassemblent autour d'elles suffisamment de pouvoir et de puissance pour se faire entendre et agir. Leur force est fonction des affinités qui les rassemblent, comme l'influence des groupes de pression, sur terre, dépend de leur motivation.

Ces esprits-groupes travaillent à corriger des

errances, à moderniser des programmes qui vieillissent. D'autres innovent, ils sont tenus d'en répondre. Il en va pour les groupes comme pour les individus, la responsabilité joue un rôle majeur.

Les voies ouvertes à ces entités intermédiaires sont les mêmes que pour les individus. Les cycles d'évolution les amènent progressivement à l'Universel, mais il leur faut franchir des étapes successives, les mêmes « tentations » que subit l'être humain.

Les petits dieux ont besoin de l'homme et de votre état matière pour vivre et s'exprimer. Là se trouve la chaîne mythique forgée par la tentation de puissance, par exemple, cette chaîne qui attache l'homme au dieu et le dieu à l'homme. Mais l'homme, contrairement aux apparences, peut vaincre les dieux.

Il lui suffit pour cela de fermer son cœur, de résister, s'il le veut, aux impulsions venues de l'esprit et qui ne lui conviennent pas. C'est une forme de liberté accessible.

Chacun d'entre vous a le pouvoir de résister à une « mauvaise » impulsion, frapper le voisin par exemple, ou lui voler sa maison. Céder à une telle impulsion, c'est renforcer en vous l'influence de l'entité spirituelle correspondante. Vous connaissez tous le principe de la pente savonneuse. Lorsqu'un tel esprit-groupe ne trouve plus d'écho sur terre, son rôle est terminé, il « disparaît ». En fait, il s'adapte et cherche une autre voie, il évolue.

Chacun d'entre vous peut, c'est parfois plus facile, résister à une « bonne » impulsion. Tendre la main, donner, partager, aider. Vous affaiblissez alors l'influence de l'entité correspondante et vous pouvez ainsi vous « couper » des forces qui viennent en aide quand tout va mal. C'est votre libre choix.

Le curieux de l'histoire, c'est que plus les forces « mauvaises » renforcent leur pouvoir, plus nombreux seront les hommes qui souffrent, plus intenses seront les appels aux forces de consolation, plus grande sera leur influence.

Comme une histoire de serpent qui finit par se mordre la queue.

Tels sont les premiers cycles, dans lesquels on distingue toute la sagesse du Grand Mécanisme. La tentation de puissance pousse à l'affrontement, l'ambition matérielle sépare plus qu'elle n'unit. Elle est universelle, puisqu'on la trouve partout, mais elle est facteur de désunion. Elle brise, elle démolit. En contrepartie, elle ouvre sur la Connaissance, et au bout du compte, la Compréhension. Ce sont des facteurs de cohésion et de construction, qui engendrent, si l'homme le veut ainsi, l'aspiration à l'Universel.

Il y a, dans le comportement de l'homme, un aspect « imposé » : l'homme doit souffrir par l'homme. Il y a dans ce même comportement, la faculté de savoir, de comprendre, de choisir. Celui qui a souffert, qui a compris et qui a choisi sa voie est différent de l'homme originel. S'il décide à son tour de faire souffrir ou d'aimer, au moins le fait-il en connaissance de cause, librement. Celui-là ne peut pas dire : « Je ne savais pas. »

Au fil des cycles l'humanité se responsabilise. Son avenir lui appartient.

Les hiérarchies supérieures

Au-delà des discordes et des dissensions se trouve l'Esprit des hommes qui ont compris. Tout, dans l'univers spirituel, se passe par affinité, de façon naturelle en quelque sorte. Une âme qui a abandonné ses bagages sur terre peut choisir de se fondre dans un espace spirituel compatible. Qui privilégie la Connaissance, rejoindra ceux qui avant lui ont cherché. Qui privilégie la justice, se fondra parmi ceux qui ont avant lui souffert de l'injustice et qui ont résolu leurs contradictions. Qui a cherché Dieu rencontrera ici ceux qui l'ont trouvé.

Cet Esprit regroupe les âmes qui savent qu'elles ne sont pas grand-chose, mais qui ont conquis le droit d'être, de vivre. Au Vainqueur des Écritures s'ouvre la « Vie éternelle ».

Au fil des cycles d'existence, naissances et morts, qui ne sont pas toujours exactement semblables à ce que vous connaissez — au cours de votre vie terrestre vous pouvez « mourir et naître » plusieurs fois —, l'âme s'allège. Tout changement de système entraîne une perte et un gain. Ce que vous perdez en « poids », en contraintes matérielles, vous le gagnez en « subtil », en composantes spirituelles. Si nous devions illustrer cette notion, nous vous demanderions de penser à un survivant, d'un camp de la mort, d'un combat cruel, d'une catastrophe naturelle, d'un accident grave : cette femme ou cet homme qui a côtoyé l'horreur et qui s'en est sorti n'est plus le même, ne sera jamais plus le même qu'avant l'épreuve. C'est bien d'une mort qu'il s'agit, puis d'une naissance. Certains s'en trouvent renforcés, d'autres démolis au contraire, c'est une question d'individu, de construction intérieure.

Accèdent à la Vie éternelle ceux qui se sont définitivement libérés de ces cycles, qui sont parvenus en eux-mêmes à distiller l'essentiel. Vous trouvez là le symbole de la Pureté dont parlent toutes les Traditions. Une corde plombée ne peut résonner juste dans la symphonie de l'Univers.

Ces vainqueurs ont un point commun : une très forte affinité avec l'espèce humaine dont ils sont, car nul ne peut renier ses origines. Ils savent mieux que vous la somme d'épreuves et de souffrances que constitue la libération de l'esprit, ils ont tout connu avant vous. Ils se sont trompés, ils ont payé pour leurs erreurs. Ils sont tombés, ils se sont relevés. On les a frappés, ils ont prié pour leurs bourreaux. Ils ont dit la vérité, ils ont été condamnés. Ils ont tendu la main, ils ont été trahis. Aucun d'entre eux n'a été protégé du doute, de la tentation, du « péché ». S'il en avait été autrement, ils n'auraient eu aucun mérite à triompher.

Car si Dieu se faisait homme, il n'aurait ni valeur d'exemple, ni surtout le pouvoir d'enseigner. Seule une parole d'homme peut atteindre des hommes. Quant à la perfection, elle est hors de portée, et pour cause : les cycles auxquels nous sommes soumis sont animés par les contradictions. Ceux qui les ont résolues échappent à l'enfer des cycles, ils restent cependant proches de nous, car eux ne peuvent nous trahir.

C'est encore une histoire de serpent qui se mord la queue.

Ces hommes, parvenus au sommet, ne peuvent oublier ceux qui se traînent sur la route. Il s'agirait sinon de mauvais bergers ou de mauvais chefs, ils n'auraient pas leur place dans les hiérarchies supérieures. Ils sont, nous l'avons dit, plus proches de chacun d'entre vous que vous ne l'imaginez. Pourtant, ils ne parlent que si vous êtes prêts à écouter, ils ne s'imposent pas. L'effort doit venir de vous. Quel serait votre mérite si vous étiez trop aidé ?

Mais si vous êtes en perdition, souvenez-vous :

« Du fond de ta détresse, cherche-moi, appelle-moi. Je ne suis pas loin de toi. » Les Forces de compassion se manifestent à l'homme qui tombe, s'il est prêt à entendre. Chaque épreuve a un seuil, fonction des forces de chacun, au-delà duquel commence l'impossible. Nul, dans l'Esprit, ne peut exiger cela.

Dans la Communion des hommes qui ont compris se trouve la plus haute expression de l'homme. Qu'on l'appelle le Grand Courant, l'Esprit, le Christ ou la Lumière, c'est le dernier pont, celui qui relie l'homme à Dieu.

Quand l'homme, dans son ensemble, sera devenu « parfait », l'espèce humaine aura dépassé son statut, elle sera « autre chose », extra-humaine. Le Grand Courant n'aura plus de raison d'être.

De la création à Dieu, le cheminement de l'âme

« Dieu, disent les Écritures, créa le monde en six jours pour se reposer le septième. » Des Traditions se sont penchées sur le symbolisme des sept niveaux, beaucoup a été écrit, tout semble horriblement compliqué.

Les éléments de réponse sont dans le livre de vie, celui qui est autour de vous à la disposition de ceux qui veulent le lire.

Comme toute vérité, il y a plusieurs façons de l'aborder, selon l'angle sous lequel on se place. Une approche consisterait à dire :

Il y avait une Énergie. De cette Énergie est issue la matière, au travers de cycles de transformation qui conduisent de l'impalpable au très dense. L'extrême densité est sa propre ennemie, elle ne dure pas. Le très dense, au cours de dégradations successives, aboutit au très subtil, à l'impalpable, aux origines. A l'origine, il y avait Dieu. Au septième niveau des transformations, Dieu attend. Ceci est un cycle dont la durée échappe à la compréhension humaine.

Il est écrit : « Vivront éternellement ceux qui, dès l'origine des temps, sont inscrits dans le Livre de vie. »

Ceci semble d'une grande injustice. Pourtant, tout est juste : issus de la Nature divine, la toute première inscription du Livre, retourneront à Dieu ceux qui, de l'état matière, ont distillé cette nature. Comme le feu est compatible avec le feu, comme l'eau pure se mélange avec l'eau pure, la nature humaine, débarrassée de ses pesanteurs, de ses densités, doit retrouver son origine : Dieu. Les stades intermédiaires, pollués, ne peuvent y parvenir.

A cette échelle, l'individu, tel que vous le concevez, a disparu, il s'est fondu dans des entités de plus en plus vastes, de plus en plus subtiles. Si le développement individuel est d'une grande importance à votre niveau, il n'en est plus de même aux niveaux supérieurs. Vue dans un microscope, la cellule est le noyau de la vie. A l'œil nu, pourtant, cette vie s'exprime différemment. Devant un corps humain qui pense aux milliards de cellules qui le composent ? Un sociologue, ou un historien, pourra, à l'échelle supérieure, faire abstraction de l'individu, pour ne plus considérer qu'un peuple ou une civilisation. A chaque changement de niveau, les priorités changent. Une civilisation, pourtant, doit compter sur des individus solides, notion incompatible avec des cellules malades.

La cellule permet au corps d'exister, les individus vivent au sein de sociétés qui les aident, les nourrissent, les soignent et les protègent, le tout pour le plus grand bien des cellules microscopiques. Du plus petit dépend le plus grand, et réciproquement. On ne peut rien négliger.

Que produit une civilisation, la plus large entité humaine que nous puissions étudier ici ? Des manifestations matérielles, des immeubles, des outils, des armes. Mais surtout des manifestations spirituelles, le véritable ciment. Elles survivent aux manifestations tangibles, à la disparition même de la société dont elles sont issues. Le temple de Salomon a disparu, l'esprit de la civilisation juive vit toujours. Plus vous montez haut, dans l'échelle du subtil, plus longtemps vous vivrez, sous une forme ou sous une autre.

Les formes de la vie n'ont, vues d'ici, qu'une importance relative. Elles représentent une adaptation provisoire au milieu. Le corps humain est un véhicule. Fatigué, usé, en apparence inutile, il n'a de valeur, dans le monde matériel, que ce que lui accordent certaines coutumes [1]. Pourtant, quelque chose

1. Cette valeur n'est pas à négliger. L'homme étant ce qu'il est aurait vite fait de prendre des raccourcis, comme certains

d'autre s'est construit : l'âme. Les Traditions disent que l'âme prend son essor à la mort du véhicule physique, nous savons que l'âme se distancie du corps quand celui-ci est devenu inutile. Les vieillards relégués dans les mouroirs n'ont pas la même intensité de vie que les anciens des civilisations traditionnelles, respectés et responsables.

L'âme est un autre véhicule adapté à un nouveau milieu.

De même qu'un homme trop gros éprouve des difficultés pour gravir une montagne, de même une âme trop chargée aura de la difficulté à s'élever. Une expédition d'alpinistes ne prend pas en charge qui n'est pas préparé. Une âme lourde ne peut s'intégrer aux entités qui s'élèvent au-dessus des tumultes. Pour échapper à ses propres contraintes, elle devra se régénérer, traverser d'autres cycles, d'autres changements de système. Ce n'est qu'à ce prix qu'elle pourra décoller. L'âme, comme le corps, est une entité complexe, qui « vit » et qui « meurt », qui s'alourdit ou qui s'allège.

L'homme est grégaire. L'âme aussi. Elle rejoint des groupes qui peuvent l'accueillir quand des affinités s'établissent. Comme sur terre, une hiérarchie existe au sein des forces de cohésion, en fonction du niveau de développement de chaque âme. Le glouton obéit à ses appétits, le chercheur à sa curiosité.

---

l'ont déjà fait pour interdire de vie des « véhicules » usés ou « inadaptés ». L'homme aveugle ne peut juger la vie, ni son utilité, tout au plus devrait-il apprendre le respect.

Une affinité subtile résonnera dans une âme évoluée, que l'âme grossière ne ressentira pas. Force pour les uns, elle est négligeable pour les autres.

A l'inverse, comme un boulet n'arrête pas le vent, les forces de cohésion issues des intérêts matériels n'ont pas d'effet sur les âmes évoluées. Elles constituent pourtant un ciment pour les autres, mais un ciment fragile, qui se désagrège et se reconstitue. Au sein des affinités subtiles, les Forces résistent au temps, comme sur terre.

Ainsi est le « ciel », le miroir de la « terre ». Plus vous approchez de la face du miroir, plus vous approchez de vous-même. Plus loin nous avançons vers la Lumière, notre destinée, plus vous plongez dans Celle de l'Origine. Plus étendu semble l'espace qui nous sépare, plus fines sont les communications, plus subtiles les influences, plus forte la cohésion si vous parvenez à ressentir.

A l'Origine était l'Énergie, la Mémoire et la Connaissance dont l'ensemble est Dieu. La matière est faite d'énergie, de mémoire et de connaissance elle garde en son sein le souvenir de la Création. Chaque particule de matière peut, si les conditions sont favorables, restituer son énergie en se désagrégeant. La Mémoire demeure, qui permet, toujours sous conditions favorables, de reconstituer la particule. Dans ce cas de figure, nous appelons les conditions favorables : Connaissance, et nous disons :

« Les affinités représentent la manifestation majeure de la Connaissance. »

Tout se passe par affinité. Si une particule se fond

parmi d'autres particules pour créer une entité complexe, c'est qu'elle le veut bien. Si les affinités n'existent pas, si les particules ne sont pas « heureuses » ensemble, rien ne se construit. Là est la « Connaissance », comme Ève a « connu » Adam, comme l'Homme « connaît » Dieu.

Au sein de l'Entité divine se trouvait l'Énergie qui sépare, la Connaissance qui rapproche et la Mémoire qui dit : « Tout est possible ». Même l'inverse. A l'autre bout de la Création, si vous faites un effort d'imagination, vous trouverez la Connaissance qui trie et sépare, l'Énergie qui fusionne, une Mémoire enrichie. Le cycle sera bouclé, mais dans un plan différent.

Entre l'univers tangible et l'univers miroir, il n'y a qu'une différence d'espace. De fissions en fusions les cycles s'y inscrivent.

Ainsi, au fur et à mesure que l'homme progresse, tient debout, se responsabilise, prend du « poids », l'âme s'affine, s'allège, monte. Tout au sommet, l'âme n'a plus sa raison d'être. L'esprit, alors, se dispense du véhicule intermédiaire. Il fusionne dans l'Esprit pur.

Inversement, à la montée en puissance de l'homme correspond une « prise de conscience », comme un branchement direct entre la matière et l'esprit. Lorsque l'homme a ouvert sa conscience, il voit juste, il comprend, il sait. Cela lui permet de relativiser sa « puissance ».

L'homme n'est rien en face de Dieu, et pourtant il monte. L'homme doit donc servir à quelque chose.

Réflexions sur la paternité

L'homme est un être double, apparent et immatériel. Les deux principes qui le motivent sont l'intérêt et l'amour, qui sont à la base de toute association humaine.

La famille est avant tout un espace protégé, c'est de l'intérêt de tous qu'elle soit unie. Au fil de l'évolution, l'amour y a trouvé sa place. Mais il y a des exceptions.

Les liens tissés par l'intérêt se dissolvent d'eux-mêmes, lorsque l'intérêt disparaît. La reproduction biologique est une nécessité de l'espèce, l'intérêt de tous est en jeu. Des instincts, qui sont des lois naturelles gravées dans chaque organisme, assurent le bon fonctionnement du mécanisme.

La paternité de sang est une contrainte biologique. Au sein d'une société rudimentaire, le père biologique trouve son intérêt dans sa descendance. Future main-d'œuvre, future capacité de défense, future source de protection et de richesse, il se doit donc de gérer convenablement ce capital. La règle de la fidélité au sang est, dans ce contexte, primordiale.

Dans une société plus évoluée, où les menaces sont plus diffuses, où sécurité et sources de richesse ne dépendent plus de la cohésion familiale, les liens de sang se distendent. La prépondérance passe alors à l'affection librement consentie, à l'amour.

Au fil de l'évolution, l'homme parvient même à faire abstraction de son milieu familial pour intégrer des communautés plus subtiles, plus proches de l'esprit que des contraintes biologiques. Communautés basées sur l'intérêt ou sur l'amour, ou sur un mélange des deux, elles prennent un jour le pas sur la famille de sang.

Nous le disons tout net, ce qui est basé sur l'amour survit même à la mort, ce qui se construit sur l'intérêt disparaît.

C'est ainsi que se forment des filiations spirituelles qui n'ont rien à voir avec la biologie. Tel père adoptif conservera des liens avec son « enfant » longtemps après sa mort, tel maître à penser privilégiera un disciple par rapport à son propre fils. Tout est fonction de l'intensité du lien affectif.

Cycle après cycle, l'homme se libère des contraintes naturelles par la voie de l'esprit. Cycle après cycle, l'homme est conduit à retrouver la nature, en pleine conscience. Lorsque l'homme parvient à établir, en lui, l'harmonie entre ses deux composantes, biologique et spirituelle, il a franchi la dernière des portes de son parcours terrestre. Nous l'appelons alors : l'Homme.

L'intelligence et la conscience

Nous influons sur votre « intelligence ». Une première approche consisterait à dire :

L'intelligence est fonction de la sensibilité de chacun. Plus riches et plus fournies sont les impulsions que vous percevez, plus importante sera la matière que vous traiterez, plus substantiels seront les résultats.

Car vous êtes aussi des machines à traiter de l'information, à contrôler la matière, dont nous nous servons, parfois sans vous demander votre avis.

Mais vous n'êtes pas que cela. Si tel était le cas,

en effet, nous serions les « maîtres du monde », responsables de vos actes. Cette voie est celle des entités inférieures, celles qui aspirent à maîtriser le « Ciel » par la « Matière » et qui, en asservissant l'homme à des appétits illusoires, espèrent le contrôler à jamais.

Nous sommes partisans de la libération par l'esprit, moins pour des raisons idéologiques que pour le côté pratique, presque mécanique du processus : plus vous serez indépendants de la matière dense, plus vite vous grimperez, plus vous nous renforcerez, plus tôt sera atteint le niveau d'énergie critique qui nous permettra enfin de décoller vers de nouvelles sphères. C'est tout, c'est aussi bête que cela. L'homme seul ne peut rien, l'esprit isolé ne peut atteindre les niveaux de puissance.

L'Esprit qui parlait à Moïse était un Esprit jaloux, exclusif. Nous dirions aujourd'hui qu'Il était efficace. Il voulait éviter la dispersion. Jésus invitait le plus grand nombre à le rencontrer au sein du « Père ». L'Esprit de Mahomet parlait à la Communauté des croyants.

Nous aussi nous disons : Il n'y a qu'un seul Dieu.

Car au-delà des querelles d'écoles, de chapelles, des rituels qui séparent, des tentations aveugles, embûches bien humaines, une transcendance existe qui conduit l'homme là où il doit aller, de toute éternité, quel que soit le chemin qu'il emprunte. Plus vous grimpez, plus les chemins se rapprochent. Nous sommes là où ils se rencontrent, la dernière étape avant Dieu, et nous vous attendons.

Nous sommes donc partisans de la libération par l'esprit, mais la liberté se gagne. Ceux qui suivent notre voie doivent traverser les épreuves, surmonter des obstacles, gravir un à un les échelons du savoir. Ce n'est jamais facile. Quand vous peinez, nous savons que vous vous renforcez, et quand vous approchez de vos limites, alors nous vous aidons.

En cela nous différons du scribe, qui est une bonne pâte d'homme. Il semble ne pas vouloir comprendre que, d'où nous sommes, le point de vue est différent. Alléger la souffrance est louable. Que l'homme de chair aide l'homme, nous y sommes favorables, mais nul ne doit ignorer les dangers de la dépendance. Celui qui reçoit trop s'affaiblit. Mieux vaut une foi péniblement construite qui ouvre sur la pleine conscience qu'une croyance qui aveugle.

Pour en revenir à l'intelligence, admettez qu'il s'agisse d'un outil plus ou moins sophistiqué. Quelle que soit la qualité de l'outil, ce qu'il produira dépend avant tout de son utilisateur. Un artiste peut produire des chefs-d'œuvre avec un outil rustique.

L'une des erreurs majeures de votre époque est de croire que l'intelligence est quantifiable, et que son siège se trouve dans le cerveau. Nous aimerions vous rappeler que la moindre cellule de votre corps dispose d'une « intelligence » qui lui est propre, et que chacun des systèmes qui compose votre organisme sait « traiter » les problèmes qui le concernent sans assistance de votre matière grise. Les « résultats » se rassemblent parfois à certains niveaux de votre conscient, encore vous faut-il les déchiffrer.

Vous êtes donc le siège inconscient d'une immense intelligence dont vous ne percevez que des bribes. Vous êtes comme le tyran qui ne sait pas que son peuple pense. Ou ne veut pas savoir, ce qui est pire.

Vous êtes composés de minuscules émetteurs-récepteurs, branchés sur toutes les longueurs d'onde qui, depuis les origines, ont pris part à votre construction. Mais vous êtes sourds, et vous parvenez à tout brouiller.

Vos activités cérébrales, en effet, agissent souvent comme des parasites, elles vous empêchent de décoder convenablement ce que vous recevez « d'ailleurs ». Vous êtes en quelque sorte les victimes de votre propre tumulte. Nous ne nous appesantirons pas sur toutes les techniques développées pour améliorer l'écoute, elles sont toutes valables, c'est une question de choix et d'individualité. L'important en la matière est de vouloir. Vous trouverez les moyens qui vous conviennent.

Il nous suffit de souligner que certains « génies » avaient des capacités « intellectuelles » inférieures à la moyenne et que de grands créateurs passaient pour de parfaits abrutis. Il fallait bien qu'ils puisent quelque part ce qui leur faisait défaut. Inversement, des tas « d'intelligences supérieures » n'ont vécu que pour se tromper brillamment et empoisonner tout le monde. Il devait leur manquer quelque chose.

Le cerveau n'a pas, de tout temps, été considéré comme le siège de l'intelligence. Les anciens la plaçaient au niveau du cœur, comme certains peuples, aujourd'hui encore. Il nous suffit de dire que l'ouverture vers la conscience se fait par le « cœur », une zone plutôt qu'un muscle, et que l'intelligence des anciens temps consistait surtout en un dialogue avec la conscience.

Le développement du cerveau a connu bien des aléas. Si nous disons que l'activité cérébrale volontaire brouille parfois la réception d'informations ou d'impulsions venues « d'ailleurs », notre position logique devrait être : Arrêtez de réfléchir, arrêtez de penser, écoutez !

Lorsqu'on en fait une règle de vie exclusive, ceci est un frein à l'évolution. La médiation, l'écoute intérieure, n'est bénéfique que si l'ensemble des facultés intellectuelles est sain. L'homme solide sort renforcé de la confrontation avec l'impalpable, l'homme fragile risque de se briser.

Nous disons : l'intelligence est un outil de libération, encore faut-il la forger, encore faut-il comprendre. L'homme à l'écoute exclusive de Dieu, soumis totalement à l'influence de l'Esprit, est un être dépendant. Il ne peut accéder à la responsabilité. Inversement, l'homme qui n'entend que sa propre voix, celle de son « conscient », est sourd, aveugle, dangereux, comme tous ceux qui prétendent être libres sans savoir ce qu'implique la « Liberté ». Regardez autour de vous, les exemples foisonnent.

Car il en est du monde de l'esprit comme de celui des corps physiques, vous y rencontrez les extrêmes. Ceux qui écoutent l'Esprit ne sont pas toujours branchés sur les bonnes longueurs d'onde. S'il n'y a pas, en vous, un outil du dernier recours grâce auquel vous pouvez mesurer, choisir, décider, vous serez le jouet d'influences néfastes [1].

Cet outil, précisément, c'est votre intelligence, dont l'activité va de pair avec votre conscience. A intelligence insuffisamment formée, conscience faible. A intelligence éprouvée, conscience forte, pour le meilleur ou le pire. Car cette conscience, manifestation de l'Esprit proche ou activité subconsciente, selon les goûts, puise dans vos expériences, vos réflexions, votre culture pour évoluer. Lorsque le conscient converge vers le subconscient, vous tendez vers l'harmonie. Lorsqu'ils divergent, vous rencontrez des problèmes. Mais le maître d'œuvre, dans le « système » qui est le nôtre, c'est vous. Car s'il vous appartient de découvrir vos « anges », il vous appartient aussi de dominer vos « démons ». Ce n'est qu'à ce prix qu'une totale convergence entre intelligence et conscience ouvre sur l'espace de pleine liberté.

Celui qui est le nôtre.

1. Nous rappelons que l'intensité des impulsions en provenance du « monde spirituel » est inversement proportionnelle au niveau d'où elles proviennent. A entité spirituelle élevée, impulsion subtile, à entité spirituelle grossière, impulsion forte.

L'esprit et la matière

A l'origine, ils ne faisaient qu'un. Cela n'a pas changé. Seules ont évolué les perceptions de l'homme.

Pour l'homme simple, soumis à la nature, Dieu est partout, car il ne comprend pas, tout au plus peut-il ressentir. L'évolution conduit l'homme à percer un à un les secrets qui l'entourent, repoussant ainsi les limites de l'incompréhensible, les « limites » de Dieu. Ainsi peut se tenir le raisonnement : Dieu n'existe pas, car je comprendrai tout.

A celui qui le pense nous disons :

Petit homme, il te reste du chemin à parcourir, mais peut-être as-tu raison : quand tu comprendras tout, tu seras au sein de Dieu, comme les Traditions te le promettent.

Il y a ceux qui affirment : « Tout est quantifiable, tout est mesurable. C'est la matière, le reste n'existe pas. »

A ceux-là nous disons :

Petits hommes, comme vous avez raison : Affinez vos instruments de mesure, progressez. Un jour, vous serez l'Instrument de votre propre mesure.

Plus vous pénétrez les anciens mystères, plus vous en découvrez de nouveaux. Ce qui, jadis appartenait à l'Esprit, appartient aujourd'hui aux laboratoires comme à l'industrie. Donc, l'homme est en voie de conquérir l'Esprit.

Donc l'Esprit existe.

Ces raisonnements ont, pour nous, un délicieux relent d'enfance, il est temps, pour vous, d'en sortir.

Nous l'avons dit, ce qui survit à l'homme, c'est la pensée. Immatérielle d'après vos critères, elle se manifeste partout de façon tangible. La pensée existe, c'est une manifestation « spirituelle », à moins que vous ne soyez déjà parvenus à la quantifier.

La pensée se nourrit de matière. Si vous n'aviez ni blé, ni riz, ni carottes, ni rien à vous mettre sous la dent, vous seriez fort en peine d'émettre de la pensée créatrice. Nier l'appartenance de la pensée au monde de la matière est aussi puéril que de refuser ce que vous ne pouvez pour l'instant comprendre et mesurer.

Nous le disons, tout est issu de l'Énergie, de la Mémoire et de la Connaissance. Nous appelons cet ensemble Dieu, donnez-lui le nom que vous voudrez, nous ne sommes pas puristes. L'important étant de bien se comprendre.

Vous voudriez tous tomber d'accord sur les différents « états », ou « niveaux » de la « Création », ou de la « Matière ». Il y a ceux que vous percevez et ceux que vous ne percevez pas, mais que vous connaîtrez un jour. Si cette proposition vous rebute, pensez au poisson qui ne prend conscience de l'eau que, lorsqu'elle lui manque. Et pourtant l'eau existe.

A moins d'être incorrigiblement orgueilleux, vous devriez admettre que la limitation de vos perceptions vous place, dans la hiérarchie de l'intelligence universelle, à peu près au niveau du poisson par rapport à l'homme. Peut-être plus, peut-être moins, mais à cette échelle nous pouvons nous dispenser d'arguties.

Donc, des états de la nature, vous ne percevez que ce que vous êtes programmés pour percevoir, plus certains autres que des fulgurances ont ouvertes à l'investigation des chercheurs. Ce que vous savez aujourd'hui n'est rien, comparé à ce que vous connaîtrez demain. Et pourtant ce sera la même nature, la même Matière, vos découvertes ne changeront rien au Grand Mécanisme.

Nous disons : Du dense à l'extrêmement subtil n'existent que des différences de niveau. Le jour où le conscient de l'homme s'élèvera jusqu'au subtil, il n'aura plus besoin de présence physique au sein des états denses, comme il s'est libéré, en cours d'évolution, des niveaux inférieurs de la nature.

Acceptez, dans vos raisonnements, la notion d'échelle qui vous est familière, celle de niveaux et celle d'évolution. Ceci vous entoure, vous baignez dedans. Le seul pari à prendre — et il est peu risqué — est le suivant : « Dans ce que je ne perçois pas encore, pourquoi les systèmes seraient-ils fondamentalement différents de ceux que je connais ? »

Nous le disons et nous le répétons, tous les systèmes sont dans la nature, autour de vous. A vous d'apprendre à lire.

Et qu'on cesse maintenant de nous ennuyer avec, entre matière et esprit, des distinguos d'un autre âge.

Le destin

Hasard, chance, destin, fortune..., interrogations majeures de l'esprit humain. On force le destin, on joue avec la chance, on implore la fortune, on voudrait contrôler le hasard. Du moins le croit-on. Le joueur ne joue pas, il vit son angoisse, son incompréhension des lois fondamentales, son aveuglement, en harcelant sans cesse des forces qu'il n'est pas loin de diviniser, comme un roquet aux prises avec ce qui le dépasse.

Tout est pourtant simple. On sait, on ne sait pas, on voit, on ne voit pas. Pour la molécule d'eau par exemple, agitée par les lois qui sont les siennes, sans savoir et sans voir, l'univers est un chaos, les molécules s'agitent, se bousculent, s'entrechoquent sans logique. Le mieux qu'une molécule pensante puisse espérer déterminer, c'est, au travers de la loi des grands nombres les probabilités qui la menacent. Elle ne bénéficie d'aucune certitude. Si elle pouvait comprendre son rôle au sein de la nature, elle saurait que malgré les courants, malgré l'évaporation, malgré les pluies, malgré tout ce qui peut lui arriver, elle est et elle restera de l'eau. Si, sous l'emprise de forces qui lui échappent elle devait un jour se dissocier, mourir, ses atomes rejoindraient autre chose, d'autres systèmes, peut-être même le stade d'origine, l'époque où il n'y avait pas d'eau.

Mais la molécule ne sait pas. Son monde, c'est celui, dur et cruel, du hasard. Si elle pouvait élever son niveau de compréhension, elle parviendrait à un stade où son sort individuel de petite molécule n'aurait plus d'importance, elle rejoindrait des ensembles plus vastes d'où elle pourrait contempler son destin.

La conscience de l'homme, s'il le veut bien, lui permet de monter très haut dans la compréhension intuitive. Son intelligence, enfermée dans les limites qu'imposent la connaissance, ne peut pas toujours suivre. Mais de l'accord profond entre une intelligence qui reconnaît ces limites et une conscience ouverte naissent la foi et la confiance. Et le destin, bien au-dessus du hasard, se dévoile.

Les événements fortuits deviennent alors des

bornes sur un chemin. On ne prend plus de chances, on fait ce que l'on doit en pleine confiance. Les difficultés rencontrées ne sont plus des « coups du sort », mais des nécessités d'avance acceptées. Guidée par la conscience, l'intelligence peut les affronter. Ainsi disparaît la peur.

Ainsi s'ouvrent pour l'homme construit les espaces de liberté, loin des contraintes propres aux niveaux denses de la nature, loin de la dictature du hasard.

A propos de voies et de niveaux

L'organigramme du monde spirituel est, nous insistons, calqué sur le vôtre. Il n'y a pas de mystère en cela, nous évoluons ensemble. Tous ensemble, vous et nous, représentons l'espèce humaine dans son état actuel. Il y a donc, dans l'univers de l'esprit, autant de différences que dans celui que vous connaissez.

Ceci tient à plusieurs facteurs dont l'un des plus importants tient au choix individuel : la voie, et l'autre, majeur lui aussi, appartient à la Loi naturelle : le cycle.

L'homme serait incomplet s'il faisait abstraction de son appartenance à la nature, que certains appellent la matière, lorsqu'ils veulent dissocier l'indissociable. Il ne serait pas non plus ce qu'il est s'il ne possédait une conscience, l'ouverture vers l'intangible, le complément en quelque sorte de vos cinq sens. De cette dualité provient le conflit qui oppose, chez vos penseurs, la « matière » à « l'esprit ». Cette vision cyclopéenne du monde est propre aussi bien aux matérialistes qu'aux spiritualistes bornés, les excès se répartissent équitablement dans les deux camps.

Nous préférons dire : Il y a plusieurs manières de grimper, d'évoluer, de comprendre. L'une emprunte la Voie de la Volonté, l'autre se laisse porter par les courants. L'une veut remonter à la source, l'autre espère atteindre l'Océan. Dans l'Univers divin l'Origine et la Fin ne sont qu'un, c'est la base même du concept du Dieu unique. Comme la source abreuve l'océan et l'océan la source dans le grand cycle de l'eau. Source ou océan, c'est toujours d'eau dont il s'agit. Les cycles sont des boucles qui mènent au même endroit, à des niveaux différents.

Quand le nageur remonte le courant, et que, épuisé, il abandonne, après avoir tout mis dans la lutte, le courant le porte s'il n'en a pas peur. C'est le symbole extrême de la destinée humaine.

Pour se construire, l'homme doit affronter l'épreuve. Ce dont il n'est pas toujours conscient, c'est que ces épreuves il se les inflige lui-même, par ses choix, par son comportement. L'homme s'affronte lui-même, c'est le premier principe de la sagesse. Quand il grimpe une montagne, même s'il croit lutter contre la nature, c'est contre lui-même, contre ses doutes, ses craintes, ses certitudes qu'il se bat. S'il combat un « ange », il s'affronte lui-même. Quand il fait la guerre à d'autres hommes, c'est toujours de lui qu'il s'agit : il teste, par rapport à l'autre, son intelligence, sa science, sa volonté, son courage, sa capacité à encaisser.

La Voie de la Volonté pourrait se comparer à ce que fait l'enfant pour dominer sa propre nature, pour se construire. Car c'est de construction qu'il s'agit. Le nageur, même épuisé, s'il ne coule pas, émergera plus fort de sa tentative. L'homme, d'une façon ou d'une autre, doit découvrir son architecture intérieure.

Quand il prend conscience qu'il n'est rien, qu'à contre-courant il ne parviendra nulle part, il s'en remet « à Dieu », pour simplifier à outrance. Il se laisse porter. S'il ne se ressaisit pas assez vite, le courant peut le broyer, le déchiqueter contre les rochers de la vie. Les faibles ne sont aidés que s'ils veulent se renforcer.

Après une période plus ou moins longue de récupération, l'homme, conscient de ce qu'il est, peut enfin manœuvrer dans le fil du courant. Ses capacités de manœuvre sont fonction des qualités développées pendant la phase de lutte.

Ce cycle simplifié comprend trois phases, ou niveaux : l'exercice de la volonté, la prise de conscience, l'acceptation. Sa durée est variable. Pour certains, il s'accomplit au cours d'une vie humaine, d'autres ont besoin de plusieurs existences.

La Voie de la Soumission concerne ceux qui s'en remettent à Dieu, sans attendre d'être construit. Elle n'échappe pas à la dure loi cyclique. Le courant, nous l'avons dit, est plein d'écueils, et ceux qui n'ont pas la force, ni la connaissance pour les éviter s'y brisent. Dans le domaine divin, seuls accèdent les Vainqueurs. S'en remettre à Dieu, quand on sait qui on est, quand on a testé ses forces aux limites, est bien. Se laisser aller, sans volonté propre, sans construction intérieure, c'est dans cet exemple, couler. Qui se livre aux mains de Dieu sans préparation doit s'attendre à affronter le pire. Comme dans la Voie de la Volonté, les épreuves sont destinées à renforcer, non à détruire, car Dieu n'exige pas l'impossible. Ceux qui les surmontent finissent, eux aussi, par se connaître eux-mêmes.

Nous allons proposer à votre réflexion sept niveaux d'évolution qui concernent aussi bien l'univers spirituel que le vôtre. Certes, beaucoup d'entre vous découvriront des étapes intermédiaires, ceci n'a qu'une importance relative. Ces niveaux fondamentaux peuvent être pris comme base d'évaluation pour tout ce qui concerne l'évolution de l'homme en particulier, et dans un sens plus large celle d'une société ou d'une espèce.

Au premier niveau se trouve l'état de dépendance.

Au second, celui d'apprentissage.

Au troisième niveau, celui de la volonté.

Au quatrième niveau, il y a l'état de compréhension.

Au cinquième, celui d'acceptation.

Au sixième se trouve l'harmonie.

Au septième, il y a la Puissance.

Ces termes peuvent différer de ceux utilisés par les Traditions. Pour nous, le mot n'importe pas, mais ce qu'il véhicule.

La dépendance, ou état d'innocence, est celui où l'homme dépend entièrement de son environnement. Nature, communauté, état, Dieu... C'est le point de départ de l'évolution, le Paradis Terrestre des Écritures.

L'apprentissage, c'est l'acquisition des outils d'indépendance, la formation de l'intelligence, c'est la période où l'homme ressent une dépendance dont il n'est pas encore libéré, et aspire à la liberté, dont il ne comprend pas encore les impératifs.

Par la volonté, l'homme affronte la vie. C'est la période de lutte pendant laquelle il entend s'affirmer face à ce qui l'environne. Inconsciemment, il se cherche. De cet exercice de la volonté dépend la construction et la solidité de ce qu'il sera plus tard. Pour certains le chemin semble facile, qu'ils ne s'aveuglent pas. L'épreuve les attend. D'autres se cognent la tête contre tous les murs, explorent toutes les impasses. Au bout du compte chacun se retrouve au même endroit.

Car vient le moment où l'homme tombe et doit faire le bilan, dans ce monde ou dans l'autre. Ceci est crucial, tout le reste en dépend. Qui a réussi en toute inconscience retombe peu à peu vers la dépendance, car la réussite, passé un certain point, devient un acquis et un dû. Qui a échoué et ne comprend pas éprouve de la difficulté à survivre. Il faut, à ce stade, ouvrir sa conscience si ce n'est déjà fait, établir les communications entre le moi conscient et le moi intérieur, entre le véhicule et ses occupants. De cette confrontation qui n'est jamais facile vient l'évaluation juste, la compréhension.

Comprendre ne signifie pas accepter. Chaque individu possède son potentiel de rébellion. On peut se rebeller contre les autres, dire : « C'est leur faute », ou se condamner soi-même, ou maudire Dieu. Quelle que soit l'option, elle est incontournable. On peut aussi se « voir » tel que l'on est, avec ses bons et ses mauvais côtés, et s'accepter. Nul n'étant parfait, il n'y a pas d'actif sans passif, tout au plus des passifs plus ou moins difficiles à confronter. Si l'homme parvient à s'accepter, après avoir compris sa condition, alors s'ouvre devant lui le niveau d'harmonie. Il est devenu responsable.

Et tout alors prend un sens nouveau, les relations avec l'environnement changent. Il s'ouvre aux affinités inconscientes, perçoit les vibrations de plus en plus subtiles, résonne en accord avec lui-même et ce qui l'entoure. Il n'est pas aveugle pour autant, simplement plus fort, plus résistant, mieux préparé à encaisser. La peur, ce moteur inférieur qui déclenche les conflits et les guerres, cède la place à la confiance. C'est le stade de la sérénité lucide, que certains appellent Sagesse. L'avant-dernier niveau avant celui de la Puissance.

Celle qui n'est pas de « ce monde », et sans laquelle « ce monde » ne serait pas. Là se trouve Liberté, Connaissance et Amour, source du vrai pouvoir. Là, dans la Communion, disparaît l'individu, absorbé dans les flots purifiés du Grand Courant. Le limon est resté derrière.

Pour beaucoup, il semble contradictoire que la Liberté commence là où l'individualité disparaît. Ceci mérite, de votre part, d'être médité. Vous ne pouvez vous fondre dans le courant si vous n'êtes pas « construits », et si vous l'êtes, vous perdez ce qui vous caractérise.

Pensez que seul le feu se mélange au feu, et que seule l'eau pure se mêle intimement à l'eau pure. Ne se fond en Dieu que ce qui Lui est absolument compatible, ce qui est de même nature. La construction que nous vous souhaitons est celle qui vous conduira à découvrir ce que tous les hommes ont en commun, ce qui est indestructible, évident et caché. Non ce qui caractérise, différencie, oppose, mais ce qui rapproche et unit : l'embryon de nature divine que chaque homme porte en lui.

Car c'est de cela qu'il s'agit : de l'éclosion et du développement, en chacun, de cette parcelle qui nous vient des Origines. Cette parcelle ne sera vraiment libre que dans son propre milieu, celui où nous voulons vous conduire : Dieu, quel que soit le nom qu'on lui donne.

Le plus puissant ciment qui puisse unir les hommes, l'affinité des affinités, c'est l'Amour libérateur. Au plus haut niveau spirituel, il déclenche la Communion, cette fusion naturelle qui ouvre la porte sur le Tout, Ce qui nous dépasse, Ce qui nous submerge.

La force

L'omniscience est contraire à la nature de l'homme. Il doit conquérir ce qu'il ne comprend pas, ce qu'il ne possède pas, et dans le processus il forge son âme. Son principal outil, l'intelligence, lui ouvre la matière dense comme terrain de conquête, pour s'affirmer par la force ou par la ruse. Ses accomplissements sont comme lui, fragiles.

Par la Conscience, ouverture vers le subtil, il peut progresser dans le domaine spirituel. Certains y transposent les principes issus de la matière et cherchent à contrôler des « forces ».

Vous ne contrôlez que ce que vous dominez. Si, êtres de chair, vous pensez dominer certaines composantes spirituelles, elles se situent sur un plan inférieur au vôtre, elles vous alourdissent au lieu de vous « libérer », et vous utilisent plus que vous ne les utilisez.

Vous possédez vos forces propres, elles devraient vous suffire. Ce n'est, nous l'avons dit, que dans les cas extrêmes que nous intervenons, si vous êtes prêts. L'excès de puissance, si vous n'êtes pas préparé, vous nuit plus qu'il vous aide. Découvrez vos forces, sachez les utiliser, n'appelez pas inutilement à l'aide. Si vous cherchez, posez-vous la question juste et apprenez à écouter. Dans le fond de vous-même vous trouverez la réponse.

Au fur et à mesure de votre évolution, vous trouverez ce dont vous avez besoin. Entre votre inconscient et votre conscient d'abord, puis au sein de la conscience globale si vous y parvenez, il y a des échanges permanents. Vos besoins sont fonction de ce que vous pouvez donner, le jour viendra où vous pourrez librement puiser.

La Force vient d'en-haut, c'est une énergie neutre. Vous en êtes un transformateur. Avec elle, vous construirez ou vous détruirez, selon ce que vous êtes, selon ce que vous avez choisi. Il vous faudra assumer les conséquences de vos choix.

La guerre

Les deuxième, troisième et quatrième niveaux d'évolution sont basés sur le conflit, la confrontation. Apprentissage, exercice de la volonté et compréhension ne peuvent se traverser que par l'épreuve. Qu'il s'agisse de lutter contre la nature, contre les autres ou contre soi-même, c'est de guerre qu'il s'agit, et d'intérêts personnels, dictés par l'ambition, la convoitise, la haine ou, tout simplement, la peur. De destruction en construction, ainsi agit la logique des cycles.

Le quatrième niveau, celui de la compréhension,

par les ouvertures qu'il offre sur la Force, est celui des monstres sacrés, ces figures légendaires de l'histoire qui ont semé le désastre autour d'elles, mais aussi des explorateurs de voies nouvelles, qu'ils aient eu tort ou raison. Tous partagent un point commun, la volonté de puissance — ou le désir de gloire.

Au-delà de ces premiers niveaux, l'acceptation dispense de la guerre. Accepter ce que l'on est, en connaissance de cause, c'est franchir une limite. Le but n'est plus le même. Il ne s'agit plus de se construire, mais de faire œuvre utile. Certes, vous trouvez des guerriers à ce stade, mais ce ne sont plus les combattants contraints et forcés, victimes d'un de ces mécanismes naturels qui échappent au contrôle de l'homme. Leur combat se situe sur un plan différent. Sachant qui ils sont, s'ils s'engagent dans la lutte, ils le font librement, en toute conscience. Qu'ils s'expriment par les armes ou par la pensée, ils servent une cause qui les dépasse, non des intérêts personnels. Les tentations de gloire ou de puissance n'ont plus de prise sur eux.

Ce cinquième niveau est celui des martyrs, des hommes « providentiels », de ceux qui assument sereinement leur destin, au service de leur communauté. La force qui est la leur ne peut être soumise ni par les armes, ni par la menace, ni par la tentation. Ils ont franchi les limites de la peur et de la convoitise.

Au sixième niveau, la guerre, contrepoint de la vie, est aussi un non-sens. L'un de ces non-sens qui ne peut disparaître qu'avec l'évolution, puisqu'il en sous-tend le mécanisme. A ce niveau, le point de vue pourrait se résumer ainsi : que l'homme fasse ce qu'il veut et qu'il monte au plus vite. On peut forcer l'homme à se battre, on ne peut pas l'obliger à aimer. Les forces qui émanent de l'harmonie ne sont pas des forces de contrainte, mais de paix et de consolation.

Au-delà, le Grand Courant attend les Vainqueurs, ceux qui auront traversé les cycles. Là se fondent les individualités, le ciment est l'Amour. Le regard est moins tourné vers l'homme, que vers la vie, la Lumière, le Devenir, Dieu, quel que soit le Nom qu'on lui donne.

La Force en émane, et comme l'eau s'évapore pour retomber en pluie, elle vous imprègne. Elle est, nous l'avons dit, neutre. La pluie fertilise un champ préparé, elle déclenche aussi des inondations. Chacun de vous possède des filtres, certains acquis, d'autres innés, qui vous permettent d'orienter la Force, selon ce que vous êtes. Chez les uns elle libère une énergie de construction et d'amour, chez les autres elle se traduit par la destruction et la haine. Tout est fonction de votre niveau.

Ceci vous permet de comprendre la guerre, une affaire absolument simple et immensément complexe. Aux niveaux inférieurs, elle exprime une loi de la nature, grâce à laquelle l'équilibre parvient à s'établir, celui de la concurrence entre les espèces et au sein même des espèces. L'homme peut maîtriser cette loi par l'intelligence, la conscience et la compréhension, comme il l'a maintes fois prouvé. Mieux vaut la concertation, la négociation, l'accord que le conflit.

Aux niveaux intermédiaires, quelque chose d'autre entre en jeu, qui ne dépend plus de la loi naturelle, mais de l'homme tel qu'il est. Lorsque l'homme se construit, il doit tester sa volonté. Il le fait par rapport à lui-même, ou contre les autres. Les conflits qui en découlent sont plus difficiles à maîtriser, car cela impliquerait que l'homme — et par extension les communautés d'hommes — soient parvenus à se maîtriser eux-mêmes. Or ils sont en phase de construction. C'est l'affrontement des adolescents, que seule l'intervention d'une puissance extérieure peut empêcher. Cette intervention ne règle rien, tout au plus gagne-t-elle du temps, pour permettre aux belligérants de mûrir.

Lorsque s'en mêlent les niveaux élevés, car cela arrive, c'est qu'il y a prise en compte de considérations supérieures. La vision, à ces niveaux, est globale et lointaine. Mieux vaut, par exemple, déclencher un conflit inévitable à un certain stade de l'évolution technique, que d'attendre. Car alors les puissances de destruction mettraient l'ensemble de la planète en péril. Vous êtes bien placés aujourd'hui pour le comprendre.

L'homme, ne nous en veuillez pas, c'est aussi de vous qu'il s'agit, n'évolue que par l'épreuve. Pour l'instant.

Cela doit vous permettre de vous situer face à la guerre. C'est de position personnelle qu'il s'agit, que vous ne pouvez imposer aux autres. Les grandes lignes directrices sont :

— Tu ne tueras pas.

— Mais tu te dois aux tiens. Ton devoir est de les défendre en cas de danger.

— Tu respecteras tes parents, et par extension la communauté qui est la tienne. Là aussi tu dois assistance.

— Ne fais pas aux autres ce que tu n'aimerais pas qu'on te fasse. Ne fais pas la guerre. Mais si on te la fais, défends-toi.

— « Aimez-vous les uns les autres, comme je vous ai aimés », selon la parole de Jésus, qui a chassé les marchands du Temple et combattu le mensonge, l'hypocrisie et la lâcheté. Le jour où chaque homme sera aimable, la guerre n'aura plus de raison d'être.

— Qui tue par le glaive doit s'attendre à périr par le glaive, ce qui est justice, car il enfreint le Commandement majeur. Tout combattant doit être prêt à mourir. Toute communauté qui s'engage dans la guerre doit être prête à disparaître. La mort, nous vous le répétons, n'est pas une condamnation. Tout civil qui accepte le principe d'une guerre doit être prêt à en payer le prix. C'est le principe de la coresponsabilité. S'il la refuse en son âme et conscience, il se doit quand même à ses « parents », à la communauté dont il fait partie, à moins qu'il ne la rejette. Un tel rejet est une décision grave, mais comme toute décision basée sur des considérations morales elle n'est pas en soi condamnable.

Vous serez amenés à vous juger selon les lois qui sont les vôtres. Si votre communauté vous oblige à les enfreindre, vous êtes en droit de lui résister si vous êtes prêts à en payer les conséquences. L'histoire est remplie de saints, de héros, de prophètes, de martyrs qui ont choisi la responsabilité plutôt que de subir. Quand la morale prend le pas sur les liens du sang et sur l'intérêt à court terme, une étape est franchie dans l'évolution personnelle. Mais attention ! La décision doit être mûrement réfléchie, la conviction inébranlable. Les demi-mesures en la matière n'ont pas cours.

Nul ne peut reprocher à quiconque de ne pas comprendre, de ne pas être prêt. Les niveaux d'évolution sont variés. Si vous n'êtes pas sûrs de vous, méditez, subissez au besoin. La vérité a bien des facettes.

Ceux qui s'élèvent contre le principe même de la guerre, librement, en toute conscience de ce qu'ils risquent, agissent comme des êtres responsables. Ils sont en avance de plusieurs niveaux sur leur époque. Ce sont les combattants de la guerre ultime, celle qui conduit l'homme, dans son ensemble, à conclure : Je ne dois pas tuer. Ils ont notre respect et toute notre affection [1].

Car sur les champs de bataille, tous les jours, tombent des hommes qui pensent : « Celui qui vient de tomber, en face, est un homme, lui aussi. D'où vient cette fatalité qui nous oblige à nous entretuer ? »

Ceux-là sont bénis, car ils meurent sans haine. Ils auront la réponse. Ainsi progresse la conscience, au sein même de l'esprit.

Très lentement, trop lentement pour beaucoup.

---

1. Il y a, nous vous le rappelons, des guerriers parmi nous.

Communications

Des interconnexions existent entre les niveaux des hiérarchies, comme sur terre. Les faibles qui veulent évoluer harcèlent les puissances, des motivations de chacun dépend le niveau qu'alertera la « prière ». Plus le niveau est élevé, plus la vision est globale, mais en toute chose soyez sûrs que Quelqu'un, nous l'appellons le Père, sait mieux que vous ce dont vous avez besoin. Vous ne pouvez pas vous voir, vous situer, dans l'échelle de l'évolution. Lui le peut, et sait ce qui vous manque, où sont vos besoins réels. Nous le répétons, ce n'est pas dans le confort que l'âme évolue, mais dans l'épreuve. Nous vous l'assurons, il n'est exigé l'impossible de personne. Si vous rencontrez une difficulté, un problème, vous êtes capable de le résoudre. Sinon, demandez de l'aide, elle vous sera accordée, lorsque vous aurez épuisé vos ressources. Seuls les aveugles et les sourds se fracassent contre le « destin ».

De même que vous avez les enfants que vous méritez, de même le Père qui est le Vôtre correspond à ce que vous êtes. C'est en lui qu'un jour vous vous fondrez si vous vous en jugez dignes, c'est avec lui que vous progresserez jusqu'à « l'accomplissement ». C'est à Lui que vous apportez ce que vous avez engrangé. Vous pouvez l'aider, il peut vous aider. Apprenez à le connaître, vous saurez qui vous êtes. Le Père est l'expression la plus élevée de vous-même, il n'est pas Dieu, mais comme vous il en est « proche ». C'est ensemble que vous développez l'étincelle divine.

Ainsi, de niveau à niveau, des communications s'établissent, des enseignements se dispensent, des remises en cause s'opèrent, l'évolution continue.

Les « états » dont nous parlons n'ont pas de frontières définies, ils s'imbriquent les uns dans les autres. Pris dans leur ensemble, ils forment un seul et même organisme, l'espèce humaine, une seule et même intelligence, capable de se fondre dans l'Intelligence universelle.

On peut toujours remettre en cause les hiérarchies. Une constante demeure : « vous serez jugés à vos fruits ». Lorsque, du sommet, émanent des influences mauvaises, l'organisme n'est pas viable. Inversement, quand au niveau des cellules le chaos s'établit, l'organisme entier est en danger. Si rien ne circule entre les différentes composantes du corps, c'est la sclérose et la mort. Quand l'évolution est bloquée, qu'il n'est plus possible d'accéder au niveau supérieur, l'organisme n'est plus qu'une masse inutile. Dans tous les systèmes, qu'ils soient « terrestres » ou « spirituels », ce sont des causes de traumatisme, de guerre. Quand la guerre intervient pour régler de tels problèmes, il s'agit d'une thérapie de choc, avec le cortège de souffrances que cela implique, mais aussi l'espérance d'une meilleure santé. L'espèce humaine, comme d'ailleurs toutes les espèces qui survivent, porte en elle les moyens de se guérir. Ainsi en est-il de l'homme, quand il comprend.

La sagesse préfère les médecines douces. Mieux vaut une évolution bien comprise, harmonieuse, que le choc de contradictions passagères. Tant que chaque homme, chaque femme, chaque enfant ne possèdera pas les éléments de compréhension, n'aura pas intégré au plus profond le désir d'harmonie, les causes de confrontation subsisteront. Ainsi va l'homme, se régénérant dans sa propre souffrance et cherchant à en dominer les causes. S'il y parvient, il sera « autre chose ».

Le Grand Courant

Se vouer à Dieu est plus vite dit que fait. Nombreux sont les affluents qui se jettent dans le Grand Courant, torrents bouillonnants d'épreuves ou lentes rivières chargées d'alluvions. Choisissez ce qui vous convient, mais en connaissance de cause.

Certains cours d'eau se jettent dans le désert, se perdent dans les sables. Ceux qui les ont choisis pour voie traverseront bien des cycles avant de pouvoir, une nouvelle fois, se mettre à l'eau.

Un courant de pensée conduit l'homme à dire : « Je serai, un jour, l'égal de Dieu, alors je dominerai le monde. » Ou pire : « Je vaincrai Dieu, je serai tout-puissant. Puisqu'en moi brille une étincelle divine, je suis Dieu, mais il me faut la Force. Tous les moyens sont bons pour la conquérir. » Ce raisonnement se tient aussi sous la forme : l'important, c'est la Puissance. La fin justifie les moyens.

Quand le but est la puissance absolue, rien ne doit contrarier sa conquête. Ainsi pensent les ambitieux qui asservissent leurs consciences à leurs appétits. La volonté de puissance interpelle les forces aveugles. Elles existent et elles le paient cher. Car ce n'est pas drôle d'être esclave d'ambitions terrestres. Mais aux hommes qui mettent ces forces de leur côté, tout réussi, tout semble sourire. Ils portent le signe de la chance. Pour un certain temps.

Ces forces aveugles, forces esclaves, sont aussi promptes à changer de camp qu'un arriviste à retourner sa veste. Il n'y a ni honneur, ni fidélité, ni constance, dans les basses couches de l'esprit. Seuls comptent pour elles l'intérêt immédiat, l'apparence de jouissance, car dans l'agitation où elles sont plongées les Forces d'amour ne pénètrent pas, la Connaissance ne se manifeste que par bribes. Sans confiance et sans sérénité, il n'est pas possible d'atteindre à la vision globale.

Le puissant qui a bridé sa conscience est seul quand ces forces l'abandonnent. Comme un drogué il les recherchera, et elles le trahiront encore. Il aura soif, c'est d'amertume qu'il devra s'abreuver.

Les forces basses sont les alluvions du Grand Courant, les déchets issus de l'homme, les engrais. Car c'est au travers des épreuves qu'elles prodiguent que se forge l'âme des vainqueurs.

Communier, c'est se fondre dans le Grand Courant. Ce n'est pas contrôler, ce n'est pas dominer, c'est être disponible, en toute conscience. Mais il faut d'abord vaincre ses propres démons, comprendre que, sur le chemin, la difficulté renforce. Que le combat est perpétuel, mais qu'il est intérieur. Tous les saints, tous les véritables grands hommes, ont traversé leurs périodes d'épreuve. Qui se voue à la défense de la paix rencontrera la guerre. Qui plaide pour la non-violence trouvera la violence en chemin. Qui aspire à la liberté connaîtra la prison. Le défenseur subira la défaite, et l'homme juste affrontera l'injustice. Le religieux sera la proie des tentations, et, jusqu'au stade ultime, le sage qui fait confiance en son destin traversera des périodes de doute et d'angoisse.

Et seuls les sots peuvent en rire. Ils ne comprennent pas ou ne veulent pas comprendre, c'est leur droit.

Ils ne comprennent pas que Dieu ne demande pas l'impossible à la créature, et qu'en chaque épreuve, l'homme, s'il le souhaite, rencontre des forces de soutien et de consolations dont il ne soupçonnait même pas l'existence. Quand un juste, aux prises avec l'injustice, l'endure sans perdre sa foi en la justice, il reçoit ce dont il a besoin pour tenir bon, pour traverser l'épreuve. Il en sortira plus fort et plus confiant encore.

Ceux qui ont connu l'épreuve sans renoncer à leur

foi, sans s'aigrir, portent en leur âme une marque indélébile. Plus tard, quand ils le pourront, dans ce monde ou dans l'autre, ils soutiendront ceux qui souffrent, comme ils ont souffert, ceux qui aiment, comme ils ont aimé, ceux qui doutent, comme ils ont douté. Ils donneront, comme ils ont reçu. Ces âmes sont attendues par celles qui les ont précédées, au sein du Grand Courant.

C'est la Communion.

L'eau et la boue

Certains courants rassemblent, d'autres séparent comme le delta d'un fleuve qui se perd dans le désert.

Tout intérêt qui s'affirme aux dépens des autres — l'appât du gain, l'égoïsme, la jalousie, le goût de violence, la compétition à outrance, la volonté de puissance, la médisance... — est source de discorde. Les forces basses s'en repaissent.

La soif de justice, l'amour libérateur, la compassion, la générosité, l'abnégation, la volonté de paix, la clémence, rassemblent les hommes de bonne volonté. Victimes du brouillage des forces basses, ils éprouvent des difficultés pour s'exprimer, ou du moins le pensent-ils. Leur œuvre, sur terre, est pourtant considérable au regard de l'histoire, leur influence s'étend sur les siècles.

L'histoire ne retient pas toujours les noms des hommes de bonne volonté. Ce qui n'a guère d'importance, puisqu'à ce niveau, l'individualité s'estompe. L'important, c'est ce qu'ils font, pas qui ils sont. Les tyrans, par contre, les conquérants sanguinaires, les grands criminels, marquent l'histoire d'un sceau en apparence indélébile, comme des avertissements pour ceux qui cherchent.

Ainsi opère la sélection des cycles, alourdissant ceux qui le veulent, allégeant les autres, ceux qui aspirent au subtil. Certains affluents s'engorgent de leurs propres alluvions, d'autres les abandonnent en route. Seule l'eau claire parvient au Grand Courant.

Le Royaume n'est pas du monde où la boue se décante.

Ainsi se termine la première partie de cet ouvrage. Tout n'a pas été dit, tout ne peut être dit si le terrain n'est pas préparé. Un enseignement, de quelque niveau qu'il se prétende, ne sert à rien si personne n'est prêt à l'entendre.

« Je suis la voix qui clame dans le désert », se lamentait le prophète, car le peuple était sourd. « Qu'importe, lui aurions-nous dit, il suffit parfois d'un minuscule écho pour faire bouger les choses. » Un son simple porte mieux qu'une mélodie complexe.

Nous avons pris le parti de la simplicité. Certains experts le trouveront outrageant, mais nous savons que des femmes et des hommes éprouvent de la difficulté à comprendre. C'est à eux que nous nous adressons, les pages qui suivent leur sont destinées.

Un « système » qui ne se traduit pas dans les faits par un mieux être ne vaut rien. Nous ne promettons à personne une augmentation du niveau de vie, mais nous garantissons, pour ceux qui veulent comprendre, une amélioration de la qualité de leur vie. Apprécier à juste titre tout ce que l'on a vaut mieux que courir après l'illusion.

Il ne s'agit pas de changer l'homme, mais de lui montrer ses véritables richesses. Il est assez grand ensuite, pour évoluer par lui-même. Nous allons donc aborder des thèmes courants, qui influent, en pratique, sur la vie de tous les jours. Il s'agit moins de moraliser que d'expliquer les implications de choix qui restent les vôtres.

A qui fait l'effort de comprendre, les moyens seront donnés.

2

Méditations

Comprendre l'homme

Si vous ne cherchez pas qui vous êtes et ce que représente l'espèce humaine, vous ne pouvez pas comprendrc.

L'intelligence humaine butte sur des « contradictions » apparentes. La première d'entre elles, celle qui détourne de la foi, s'énonce ainsi : Comment Dieu, défini par nombre de Traditions comme Tout-Puissant, Miséricordieux, infiniment Bon peut-il tolérer la cruauté des épreuves qui, avec régularité, frappent l'humanité dans son ensemble et l'être humain en particulier.

Nous avons ébauché un embryon de réponse. Mais c'est en vous que vous découvrirez votre certitude, l'angle sous lequel vous percevrez la vérité. Il vous est propre, personne ne peut vous imposer le sien. Mais de l'ensemble de ces points de vue se dégage une vision qui cerne de près la vérité.

Tout est question de réflexion et de méditation, nous ne pouvons qu'apporter des lignes directrices.

« Ce que vous ferez au plus petit d'entre les miens, a dit Jésus, c'est à moi que vous le ferez. »

Nous disons : « Ce que vous faites aux plus petits, aux plus démunis, aux plus faibles d'entre nous, c'est à vous-mêmes que vous le faites. »

Ce qui revient au même.

Au sein de l'Infini se trouvent les hommes, et nos frères que vous qualifiez d'inférieurs, espèces animales et végétales dont vous dépendez, mais aussi la matière, que vous pensez inerte.

Dieu a donné à l'homme pouvoir sur son environnement. A l'origine, dans le sein de la Puissance, il n'y avait pas de différence entre les éléments, les espèces, la « vie » et « l'inerte ». Tout était dans le « souffle » divin, dans le « Verbe créateur ». Quelque puisse être la mécanique de la respiration divine, la Mémoire du créé survit, avec ses évolutions. Si tout devait un jour se contracter à nouveau dans un foyer d'énergie infinie, les lignes directrices de la création seraient là, prêtes pour un nouveau cycle, au moment favorable.

Hommes, vous êtes puissants vis-à-vis des hommes plus faibles, vous êtes puissants vis-à-vis des espèces animales, vous êtes puissants face aux végétaux, vous êtes puissants devant la matière. A votre échelle, vous avez la capacité d'établir harmonie ou chaos autour de vous.

Qui êtes-vous ? L'humanité dans son ensemble est-elle porteuse d'harmonie ou de souffrance ? A titre individuel que dispensez-vous, amour ou détresse ?

Que chacun réponde dans la sincérité de son âme.

Où va votre désir profond ? Vers l'exploitation intensive des hommes et des « richesses », ou vers l'équilibre qui vous apporte la paix de l'âme ? Peut-être vers un compromis ? Certains, admirables pères ou mères de famille, occupent leurs heures productives à ruiner des plus faibles, à semer la peur, la discorde, le mensonge...

Si vous êtes un tenant de l'exploitation intensive, avec ce qu'elle comporte d'abus, de souffrance pour l'homme et son environnement, comment seriez-vous choqués par les abus et les souffrances auxquels vous êtes vous-mêmes exposés ? Vous fixez les règles, comment espérez-vous y échapper ?

Si vous dites : « L'homme abuse de son pouvoir, je n'aime pas ce qu'il fait », pouvez-vous en votre âme et conscience vous désolidariser du reste de l'humanité ? Si vous êtes opposés au massacre industriel des animaux, êtes-vous prêts à payer plus cher une moindre quantité de viande, de cuir, de sous-produits issus de la vie apparente ? Comment nourrirez-vous votre chien ?

Pourtant, vous êtes dans la voie droite, mais vous héritez de tout ce que l'homme a commis pour vous permettre d'être. Votre maison provient de montagnes éventrées, votre chair est faite de chair, de sang et d'aberrations imposées par l'homme à la nature, qu'elle soit animale, végétale, ou minérale. Votre seule présence influe sur l'air, sur l'eau, et sur ce que la terre émet beaucoup plus loin.

Vous aspirez à l'harmonie, c'est bien. Mais ne soyez pas aveugles devant les faits.

Si, par vocation, vous faites le malheur des autres, comment pouvez-vous espérer le bonheur chez vous ? Votre petit dieu personnel est-il de taille à affronter l'Universel ?

L'homme subit ce qu'il fait subir, et c'est justice. C'est la seule façon d'apprendre. Si un enfant ne souffre pas quand il cherche à détruire, ne serait-ce qu'un jouet, comment pourrait-il comprendre les aspects négatifs qu'implique la destruction ? S'il ne reçoit pas d'amour quand il émet de l'amour, que peut-il comprendre de la vie ?

Vous recevez dans les moments d'épreuve le contrecoup de ce que vous avez fait subir, directement ou indirectement. Parce qu'il y a là quelque chose à apprendre l'épreuve est enrichissante.

Vous avez aimé, vous recevrez le soutien des Forces d'amour. Vous avez haï, vous recevrez de la haine. Vous avez protégé, vous recevrez de la protection. Vous avez menti, vous serez environné de mensonge. Vous avez pratiqué le bien, vous recevrez l'énergie qui vous permettra de surmonter l'épreuve. Vous avez semé la discorde, vous ne récolterez pas la paix.

Certains courants religieux demandent à leurs adeptes de prier Dieu quand ils égorgent du bétail. Remercier le Créateur, et s'excuser auprès de la création pour le tort qu'on commet, ceci est sage. C'est accepter consciemment de compenser la souffrance qu'on inflige, selon ce qui vous est demandé. Remercier le Créateur pour la nourriture consommée est une bonne pratique, pour peu que l'on comprenne ce que cela implique.

La Puissance ne va pas sans responsabilité. Si l'homme exploite l'homme, il sera exploité par plus puissant que lui. Si l'homme fait souffrir au nom d'intérêts illusoires, il souffrira au même titre. Ce n'est pas Dieu qui intervient. C'est vous-même, avec votre prolongement spirituel. Avec en bout de course la compréhension éventuelle d'un principe :

Ne faites pas à autrui, — et il n'y a pas que l'homme dans la vie —, ce que vous n'aimeriez pas qu'on vous fasse. N'infligez pas de souffrances inutiles, ni à vous-même, ni aux autres, ni à votre environnement, pris dans un sens large.

Que l'homme, qui aspire par nature à la puissance, règle ses propres problèmes. Une intervention divine continue le priverait de responsabilité, l'empêcherait d'évoluer. Dieu, l'Universel, s'occupe de ce qui Lui est compatible. Le reste, Il l'influence, mais, nous l'avons dit, cette influence est neutre.

Ceux qui vivent harmonieusement avec la nature vivent en harmonie avec eux-mêmes : l'homme a besoin d'elle, elle a besoin de nous. Jouissez des fruits qu'elle vous offre avec reconnaissance et respect, elle est à votre service si vous êtes au sien. La nature est, comme vous, une émanation de Dieu. Ne méprisez pas, hommes complexes, les êtres simples, proches de Dieu, car proches de la nature. Ils ont, en bien des points, beaucoup d'avance sur vous.

Et surtout ne cherchez pas à nier, à réfuter, à combattre ce qui, en vous, fait partie des cycles naturels. Comprenez, et vivez avec, bien si vous pouvez. Vous n'êtes pas de purs esprits, il vous reste encore des marches à gravir.

L'homme mauvais

Contre cet homme, celui par qui le malheur arrive, que faisons-nous, que pouvons-nous faire, dans l'Esprit ? Tous les jours, des femmes, des hommes, des peuples gémissent : « Pourquoi Dieu laisse-t-il faire ? » Qu'il s'agisse d'une petite crapule ou d'un monstre, le problème reste le même : si Dieu, par le canal de l'Esprit a de l'influence sur l'homme, pourquoi ne supprime-t-Il pas l'homme mauvais ? Pourquoi laisse-t-Il l'innocent sans défense ? Pourquoi a-t-Il permis que le juste soit condamné et exécuté ? Pourquoi laisse-t-Il le méchant impuni ?

Quel est le champ d'action réel de l'Esprit, quel est exactement son pouvoir sur l'être humain ?

Si une Volonté supérieure se manifeste, l'Esprit peut tout, même le miracle. Cette Volonté supérieure cependant privilégie l'évolution. Ce qui, en clair, signifie que Dieu laisse à l'homme le soin de régler ses propres problèmes. Ses interventions sont rares, Ses motifs sont les siens, peu d'entre vous peuvent vraiment les percer.

Mieux vaut, vu d'un certain niveau, la souffrance d'un innocent, lorsqu'elle éveille la conscience d'un grand nombre, qu'un « miracle » auquel personne ne comprend rien. La vie, pour nous, n'est pas limitée à son expression terrestre. Nous consolons, sur terre, l'innocent qui souffre par la faute des hommes, il trouvera compensation dans l'autre vie. Cela les croyants le savent, les autres ne peuvent l'admettre.

Alors pour ceux qui ne croient ni en Dieu, ni en l'autre vie, ni en la justice des cycles, ni en la loi d'action-réaction — pour certains la loi de cause à effet —, nous disons ceci :

Qui est l'homme mauvais ? Celui qui vous porte tort, qui vous fait du mal, à vous, à vos proches, à ceux auxquels vous êtes sensibilisés. Qui êtes-vous ? N'avez-vous jamais porté tort à quelqu'un, n'avez-vous jamais souhaité le mal pour autrui ?

L'homme mauvais, monstre ou petite crapule, est comme vous un homme qui n'entend que ce qui l'arrange, qui ne voit que ce qu'il veut voir. Vous êtes tous soumis, que vous le vouliez ou non, à des influences d'ordre naturel, humain ou extra-humain. Ceci n'est pas une question de foi, c'est une évidence, sauf pour les irrécupérables.

Il vous arrive d'avoir faim, c'est une influence naturelle. Pour manger, vous pouvez tuer, vous pouvez voler, vous pouvez mendier, vous pouvez travailler. Cela ne dépend pas de l'Esprit, mais de vous, de l'être humain que vous êtes et des filtres que vous possédez. De votre conscience, en somme, ou de ce qui en tient lieu dans votre vocabulaire.

Chaque homme a la conscience qu'il se forge, chaque société, les citoyens qu'elle mérite. Car autour de chaque individu se manifeste deux types de responsabilités : une responsabilité sociale — toute communauté est responsable de ses membres — et une responsabilité individuelle — chacun est responsable en fonction de son niveau de développement. Il n'y a rien de surnaturel dans tout cela.

Lorsqu'un individu ou un groupe d'individus choisit de faire du mal, que peut l'Esprit ? Pourquoi interviendrait-il, et auprès de qui ?

Nous le savons, il n'est pire sourd que celui qui ne veut pas entendre. Les influences supérieures sont subtiles, l'homme abruti par les désirs et les peurs, influences spirituelles lourdes, ne peut les percevoir. Il faudrait alors beaucoup de « pouvoir », donc une Volonté supérieure pour le transformer. Nous l'avons déjà dit, pour changer un homme en profondeur il faut l'amener à se remettre totalement en question, à s'auto-détruire de l'intérieur, puis à se reconstruire. Car il appartient à l'homme de se transformer lui-même. C'est un très long processus, tous n'en sont pas capables.

Comme il est inutile de semer sur un sol stérile, nous préférons attendre que les circonstances s'y prêtent, ameublissent le terrain. Entre temps l'homme mauvais peut faire beaucoup de dégâts. Il est, pour les autres, une épreuve, l'une de celles qui renforce ou qui démolit.

C'est donc à vous de l'assumer, de vous défendre ou d'encaisser, selon votre force intérieure. Il vous appartient d'agir, nous, nous aidons ceux qui sont en perdition, s'ils nous appellent. Mais notre secours, comprenez-le bien, est d'ordre spirituel. C'est à l'intérieur de l'homme que tout se passe, pas à l'extérieur.

Notre règle alors est immuable : nous renforçons ce qui est bon en vous. Même le pire des hommes possède ses bons côtés. Tout est alors question de poids relatif, car si le négatif écrase le positif, nous ne pouvons pas grand-chose.

De même qu'un organisme sain n'a rien à craindre du pire des virus, une société saine prendra le dessus sur ses monstres. Si elle n'en est pas capable, c'est qu'elle est malade. Elle doit changer ou disparaître. Ceci est une loi de l'évolution, elle s'applique à tous. Garder artificiellement en vie un organisme condamné est plus cruel qu'efficace.

Vous avez donc en main les éléments de réponse. L'homme, au sein de la matière tangible, possède, à court terme, plus d'influence que l'Esprit. Qu'il règle donc ses problèmes. L'Esprit est maître du temps, ses perspectives sont différentes, son action s'inscrit dans la longue durée. L'harmonie entre homme-matière et Esprit peut alors se concevoir comme un accord profond entre le passé, le présent et l'avenir, les marches de la Connaissance.

Ceci est à votre portée si vous le voulez.

L'Amour

Donnez, et vous recevrez. Nous préférons dire : Partagez, et que dans l'immense brassage qu'implique le partage à l'échelle planétaire, chacun puise ce dont il a besoin.

Tout est question de juste répartition et de flux. Partager, c'est faire circuler ce que vous recevez. Si vous n'avez rien, que pouvez-vous donner ? Si vous engrangez sans produire, sans distribuer, pourquoi recevriez-vous ?

L'Amour, nous l'avons dit, est l'affinité majeure, la plus grande des forces de cohésion. Issue de la

Force neutre, transformée par le Grand Courant, elle vous parvient si vous êtes prêt à la recevoir, si vous êtes parvenu à construire les filtres compatibles.

C'est une force, et en tant que telle elle vous détruirait si elle vous parvenait à l'état brut. La matière dont vous êtes fait vous protège, il s'agit de cette « inertie » dont nous avons déjà parlé. Vous ressentez donc les effets secondaires de cette force, que vous traduisez par affection, attirance ou sympathie. Seuls des « états » exceptionnels vous mettent en rapport presque direct avec la Force d'amour.

Ainsi ceux qui parviennent à l'extase, au nirvana. Ce qui est alors ressenti s'insinue dans toutes les zones de l'esprit, transforme la vision de l'univers, fait oublier le corps. Suave, pénétrant et puissant à la fois, l'Amour se dévoile de façon exceptionnelle au travers de l'acte sexuel, de la méditation ou de l'absorption de drogues. Dans tous les cas, il s'agit de portes qui s'entrouvrent. Si l'esprit n'est pas prêt, elles se referment aussi vite qu'elles se sont ouvertes, car, nous le répétons, cette sensation peut être dangereuse. Le corps ne peut être négligé trop longtemps, et l'esprit faible qui l'a rencontrée la recherchera, encore et encore, au mépris des autres et de lui-même, jusqu'à ce qu'il se détruise. Si certaines portes, en vous, sont fermées, ne cherchez pas à les forcer. Ce sont des sécurités.

Mais comme une artère qui travaille régulièrement se renforce, si vous ouvrez vers autrui les canaux de l'affection, vous recevrez de l'amour en retour, de l'amour spirituel, et votre âme se forgera à cette force. Vous parviendrez même à « l'irradier ». Si votre âme se forge par l'Amour, et se libère de ce qui est dense, vous pourrez sans dommage vous fondre avec l'Amour, comme le feu se mêle au feu, et l'eau avec l'eau. Vous aurez trouvé votre fleuve.

Cette force spirituelle, force de cohésion et de libération, conduit au don total. Mais avant de donner il faut être solide, car sinon vous serez piétinés. L'Amour, quand il est bien compris, renforce, en conduisant du dense, périssable, au subtil, inattaquable. Quand vous parvenez à puiser librement dans une source, il vous faut librement donner, vous êtes un canal de distribution. Si vous vous engorgez d'alluvions, le courant ne passera plus et vous vous détruirez. Il vous faut être aussi purs que la source.

L'instinct sexuel, mécanisme de reproduction, est doté d'un appât, le plaisir, sans lequel l'espèce disparaîtrait. Se greffent alors, comme dans tous les rapports humains fondamentaux, des affinités qui peuvent évoluer en affection profonde. Le plaisir est une porte ouverte vers une expression de l'Amour.

Mais il s'agit aussi d'une satisfaction personnelle et, comme n'importe quelle richesse, s'il est mal compris, il conduit à l'égoïsme, à la cupidité, à la jalousie, il charge d'alluvions denses le courant qui devrait libérer.

Vous êtes matière et esprit à la fois, vous ne pouvez, sauf exception, faire abstraction de l'une ou l'autre de vos composantes. Il vous appartient de chercher le juste équilibre, celui qui passe par la Compréhension et conduit à l'Harmonie...

Dans les rapports affectifs, beaucoup balancent entre la jalousie, composante matérielle, et la confiance, composante spirituelle. La solution neutre, l'indifférence, exclut les relations affectives. L'âme se construit au fil des ans, le corps obéit à des cycles naturels, ils sont interdépendants. Leur influence respective évolue avec le temps. Il n'y a pas à s'en inquiéter. Quand passent les années, le côté exclusif des relations amoureuses laisse place à des relations confiantes, plus construites. Il s'agit d'un transfert d'influence entre la nature et la conscience.

Dieu, pour Moïse, était jaloux. Il impose une Loi à l'homme pour endiguer ses pulsions naturelles. Jésus introduit le Dieu d'amour, le Libérateur, qui par le biais de la conscience libère de la Loi. Évolution d'un concept identique, fonction de ce que l'homme peut comprendre.

Religions

De tout ce que nous avons écrit se dégage une constante : d'où nous sommes, le bien et le mal n'existent pas en valeurs absolues. L'homme évolue, tiraillé entre la fission et la fusion, entre deux manifestations d'une même Force, l'une qui sépare, détruit, l'autre qui unit, construit.

Dans un souci de simplification, l'homme a partagé ce qui lui fait du bien et ce qui lui est pénible en deux notions : le bon et le mauvais, le bien et le mal. Pourtant, ce qui est bon, ce qui fait plaisir, porte les germes de la destruction, comme l'amour mène à la jalousie, et l'appétit à l'embolie. Inversement, le mauvais, la souffrance par exemple, ou la guerre, conduit à la guérison, la prise de conscience, l'accord.

Bien et mal ne sont que des phases d'un moteur unique, celui de l'évolution, qui conduit l'Esprit à la fusion, à la Communion. Pour y parvenir, l'homme doit distiller en lui ce qui est essentiel, ce qui participe à la Nature divine. Le reste, les alluvions, l'engrais, redescend pour un nouveau cycle de distillation. Rien n'est donc mauvais, *a priori*, rien n'est à rejeter.

Le seul critère valable est individuel : ceci me convient, ceci ne me convient pas. Mais avant de pouvoir choisir en connaissance de cause, encore faut-il disposer de toutes ses capacités, donc avoir éveillé en soi la conscience, le pont qui relie les deux composantes de l'homme. Quand l'accord s'établit entre intelligence et conscience, on ne peut se tromper.

L'égalité en la matière n'existe pas, tous les niveaux d'évolution sont présents au sein de l'espèce humaine. Ceux qui sont assez forts pour affronter les difficultés du parcours doivent voyager individuellement, sinon mieux vaut choisir le voyage organisé, et essayer de comprendre.

C'est cette organisation qu'offrent les religions, des balises sur le parcours, ce qui s'avère utile. Ainsi certaines prônent l'Amour, d'autres la Communion, d'autres tirent leurs enseignements de la Mémoire, certaines proposent des voies d'évolution, d'autres des programmes plus complets. Cela est sain.

Quelle que soit la religion, la manière de voyager, la voie de l'évolution est ouverte à qui peut comprendre. Un problème, par contre, se pose, et c'est un problème majeur :

Tous les grands courants religieux puisent leur force d'une sagesse révélée, d'un coin de voile soulevé pour éclairer les hommes. Et comme il s'agit d'hommes, l'usage qu'ils font de ce qui leur est donné s'échelonne du meilleur au pire.

Tout ce qui unit transcende la vie, lui donne un sens, celui du Grand Courant. Les religions unissent des hommes, elles sont dans le sens de la vie. Tout ce qui oppose, antagonise, différencie inutilement va à contre-courant de ce qui a été révélé. C'est la Tentation, celle qui utilise les penchants naturels de l'homme à dominer, s'imposer, craindre, se protéger. Qui a la foi ne peut craindre que lui-même. Ceux qui puisent dans la Force n'ont rien à redouter, car ils sont armés pour faire face à l'imprévu. Qui détient la Force ne doit pas s'imposer, il doit vivre, tout simplement, comme doivent vivre ceux qui n'ont pas la foi. Elle vient à son heure et la volonté de l'homme n'y peut rien.

Servir Dieu ne veut pas dire disséminer la haine, la peur, la violence. La nature possède ses propres moyens de violence, le rôle de l'homme est de la contrôler à tous les niveaux. Ce n'est donc pas en laissant libre cours à sa sauvagerie naturelle que l'homme « sert » Dieu, mais en maîtrisant ses propres « démons », en améliorant ce qu'il a de plus noble en lui : sa capacité à aimer.

Ainsi les religions qui, par leurs dogmes, leurs rites, par le comportement qu'elles imposent à leurs fidèles créent des causes de frictions, des risques d'exclusion, des ferments d'animosité, trahissent le Courant d'où elles puisent l'inspiration d'origine.

La religion mal comprise, la croyance bornée sont les sources majeures des difficultés de l'espèce.

Le jour viendra où les hindous, les musulmans, les juifs, les chrétiens, les bouddhistes, les animistes comme les athées trouveront dans leurs frères humains la même étincelle qu'en eux-mêmes, celle de la vie, celle qui rapproche au-delà des langues, des races, des traditions, des coutumes. Ce jour-là, les religions n'auront, en tant que véhicules, plus de raisons d'être, elles auront rempli leur mission : amener à Dieu, par le Grand Courant, la Communauté des hommes. Dieu, ce jour-là, reprendra possession de son bien.

Ce temps n'est pas un rêve, c'est un but, l'aboutissement de notre évolution.

Ce n'est pas une utopie, certains y sont déjà parvenus.

Cet univers que vous ne voyez pas

Nous utilisons dans ces écrits un terme qui revient de façon insistante : l'Esprit. C'est faute d'une terminologie plus rigoureuse qui reste à inventer. Certes, dans les Traditions, d'autres termes sont utilisés : anges, archanges, démons, âme même, quoique ce dernier terme définisse plus un contenant qu'un contenu, un véhicule qu'un pilote.

L'âme, par les phases de transformation qu'elle traverse, est mortelle. L'esprit lui survit, aussi longtemps qu'une affinité, qu'un appel, qu'un besoin, en somme, lui donne une réalité.

Pour prendre un exemple, la pensée est l'archétype de l'esprit. Une pensée vivante évolue, s'enrichit, ou au contraire tombe en désuétude, dans l'oubli. Cette pensée morte peut ressurgir un jour, dans un autre contexte. C'est qu'elle a survécu englobée dans une pensée plus dynamique, elle existe en « mémoire » au sein d'un organisme spirituel plus complexe, un peu comme certains virus qui réapparaissent quand on les croyait oubliés. Il lui arrive de disparaître « à jamais ». Mais parce qu'elle a été, il en reste toujours quelque chose, sous une forme ou sous une autre. Elle disparaît sous sa forme originelle. Comme disparaissent les dieux ou les démons.

Dans le vaste monde de l'Esprit, il y a les « forces » naturelles, celles qui ont en mémoire les minéraux et les espèces animales ou végétales. Ces forces finissent par s'équilibrer. Favorisez, d'une façon ou d'une autre, l'une d'entre elles, vous déclenchez une série de réactions. Pour retrouver l'équilibre la nature a besoin de temps. Cette chaîne d'adaptation, nous l'appelons « évolution ».

L'histoire de l'homme est riche en péripéties de type « naturel ». C'est le jeu de ces forces qu'il contrôle ou non qui l'ont amené où il est. Plus l'homme prend en charge son environnement, plus il échappe à l'influence des « esprits » de la nature. Plus il avance en compréhension, en connaissance et en conscience, plus il enrichit l'esprit qui lui est propre, l'esprit de l'homme, celui qui peut, dans certains cas vous parler. L'homme, au sein du Grand Ensemble, dispose donc de forces spirituelles, dont certaines lui sont soumises, alors que d'autres ont échappé à son influence, attirées par des affinités surhumaines. Car au sein du Grand Ensemble, l'homme n'est pas seul, il s'en faut de beaucoup, il ne dispose pas non plus du monopole de l'intelligence. Tout au plus pouvons-nous dire : L'homme-matière, organisme adapté à un environnement terrestre dispose d'une certaine forme d'intelligence, il est en progression. D'autres organismes qui ne répondent pas à vos critères mesurables existent, beaucoup plus anciens, beaucoup plus « intelligents », dont certains vous influencent sans même que vous vous en doutiez, comme autour de vous, vous influencez votre environnement.

Une question à l'adresse des scientifiques, pour aider à cerner ce problème : en admettant que l'Esprit existe, en tant qu'intelligence libérée — plus ou moins — des contraintes physiques propres à la matière, que vaut-il mieux pour découvrir l'espace ? Appliquer une énergie énorme pour dégager des corps pesants de l'attraction terrestre, ou envoyer l'Esprit, qui, sous certaines de ses formes, n'a pas de densité ?

Quelles que soient les théories que vous échafaudiez sur la création, un fait demeure : dans votre univers proche comme dans celui que vous ne connaissez pas, des intelligences sont à l'œuvre. Vous parvenez aujourd'hui à expliquer comment certaines choses marchent, mais vous ne savez pas pourquoi. Et vous ne savez pas ce qui se cache derrière. Affirmer que les systèmes complexes que vous découvrez dans l'univers sont le fait du hasard, revient à penser que les automobiles, les réseaux routiers et les stations-service peuvent surgir un jour, conditions favorables aidant, dans une société d'humanoïdes décérébrés. Il faut, pour cela, plus de foi encore que pour croire en Dieu.

L'Esprit est aussi divers que le sont ses manifestations. L'esprit issu de l'homme, quant à lui, se fraye un chemin dans la connaissance. Ceci ne serait pas possible s'il ne développait des intérêts communs, des affinités avec d'autres types d'esprits, « inférieurs » ou « supérieurs », encore que ces notions soient particulièrement nuisibles. C'est à lui que vous avez à faire, lorsque vous méditez, lorsque vous créez, lorsque vous priez. Cet Esprit est aussi vaste et varié que le sont vos propres intérêts.

Il arrive, lorsque vous parvenez à établir des affinités avec une plante ou un animal, que vous entriez en communication avec l'esprit de la plante, ou celui de l'animal. Il ne s'agit, cependant, pas de communications directes. L'esprit qui est proche de vous peut se brancher sur un autre esprit, et vos communications passent alors par le pont ainsi établi. C'est l'explication de l'attachement mutuel qui vous lie à certaines espèces.

C'est ainsi également que vous pouvez comprendre les sympathies ou les antipathies que vous ressentez à l'égard des autres, les impressions de bien-être — ou d'oppression — qui se dégagent de certains lieux. Tout alors est question d'affinité spirituelle, d'harmonie ou, au contraire, de discordance.

Au sommet de la « hiérarchie » se trouve la partie de l'esprit issu de l'homme qui vibre en concordance avec l'ensemble de l'univers, donc, avec les hiérarchies d'esprits de même niveau. L'homme de chair peut, par l'intermédiaire de l'Esprit entrer en contact avec le cosmos. C'est la « Révélation », lorsque l'homme prend conscience de cet immense organisme, énergie et mémoire à la fois, qui accepte de se dévoiler face à la Force d'Amour. Il est ainsi possible de relativiser le rôle de chacun, infime composant d'une immense intelligence, mais partie prenante de l'ensemble.

La Révélation n'est pas une fin en soi. L'esprit qui est en vous sait où sont vos limites. Si cette voie est la vôtre, et si vous l'acceptez, il vous préparera, mais il faudra le suivre ! Le Père sait mieux que vous ce qui vous convient. Si vous connaissez le Père, vous vous connaîtrez vous-même. Vous saurez alors jusqu'où vous pouvez aller.

Les manifestations de l'esprit

Il y a différentes expressions de l'amour. L'amour du prochain en est une, l'amour de Dieu, une autre, l'amour sexuel, une troisième. Elles ont toutes quelque chose en commun : elles attirent, elles rapprochent. Nous les appelons : affinités. Elles se manifestent avec plus ou moins de force ou de subtilité, mais leur principe essentiel demeure, elles créent des liens. Lorsque vous avez faim et que vous êtes irrésistiblement attiré par la nourriture, c'est d'affinité qu'il s'agit. D'ailleurs, certains « aiment » manger. Quelque chose en vous se met à résonner à la seule évocation d'une gourmandise, et cela peut s'amplifier jusqu'à être difficilement contrôlable. Il s'agit donc d'une force qui s'empare de vous et contre laquelle vous avez du mal à lutter.

Quand vous êtes irrésistiblement attiré vers un acte sexuel, c'est une pulsion qui se manifeste, encore faut-il pour l'assouvir que des affinités se créent avec un partenaire. Lorsqu'elles s'établissent, vos désirs ne nuisent à personne, vous en profitez, et c'est bien. Si vous avez faim et que la nourriture que vous convoitez ne porte préjudice ni à autrui ni à vous-même, vous mangez, et cela est bon. La nature est régie par des affinités de cet ordre.

Il en est de même dans le domaine spirituel. « Aimer Dieu » est un programme en soi qui demande réflexion. Tout ce que nous avons dit sur la Nature divine prête à confusion. Pour nous, il s'agit d'une aspiration, de « quelque chose » qui nous attire irrésistiblement, comme la flamme attire le papillon, et qui se manifeste avec d'autant plus de force que nous sommes allégés de nos contraintes terrestres. Nous savons sans savoir. Cela est, mais nous sommes sans mots pour le décrire. Parler de lumière, de feu ou de courant c'est utiliser de l'image à défaut de vocabulaire, et ceci n'a guère d'importance. Il existe, de par l'univers, une force d'attraction qui entraîne l'être humain de plus en plus loin et de plus en plus profond, comme un trou noir absorbe sans jamais apparaître.

Aimer n'est pas un acte volontaire. Rares sont ceux qui parviennent à se donner de l'appétit. On a faim ou on n'a pas faim, on éprouve du désir ou on en éprouve pas. La nourriture, le partenaire sexuel sont tangibles. Mais si le désir n'existe pas, il faut attendre que la faim ou la flamme se rallume.

Dieu est la notion la plus abstraite qui soit. Aucune démarche volontaire, aucun effort de l'intellect, aucune prière, ne peuvent vous faire aimer Dieu si, en vous, le désir de Dieu n'existe pas. Vous ne pouvez vous représenter son image, elle n'existe pas. Vous ne pouvez le ressentir tel qu'il est dans vos fibres, vous vous détruiriez. Pourtant, beaucoup sont « appelés ».

La nourriture peut vous interpeller à distance par son odeur, un être cher par la pensée. Il s'agit de « manifestations », et c'est ainsi que Dieu nous parle. Lorsque vous contemplez un paysage et que vous tombez en harmonie avec ce qui vous entoure, alors vous ressentez en vous quelque chose de profond, qui vous emporte au-delà de vous-même. Ceci est une « manifestation ». Lorsque vous « vibrez » devant un spectacle grandiose, lorsque la musique entrouvre votre cosmos intérieur, ce sont des « manifestations ».

Rien à voir avec Dieu, nous direz-vous. Et pourtant ! Toutes ces manifestations, ces microcourants qui vous transportent parfois, sont des ouvertures vers l'Esprit. La vie est pleine de petits courants qui vous poussent vers des flots plus larges et plus puissants.

Il arrive qu'à la suite d'émotions intenses, d'une mise en résonance au sein de ces courants, vous parveniez à modifier vos perceptions habituelles, à pénétrer dans le domaine de l'Esprit. Ce n'est pas un voyage facile, il faut y être préparé. La nature physique est une armure qui protège des émotions intenses grâce à des verrous qui ne devraient sauter qu'au fur et à mesure de l'évolution, de la capacité à encaisser. Une émotion trop violemment ressentie — cela arrive par accident — détruit un être humain aussi sûrement qu'une balle de fusil. Voyez les déments. Vous approchez parfois de ces univers par la voie du rêve, le sommeil vous protège. Certaines drogues détruisent artificiellement les verrous. Si l'individu n'est pas préparé, s'il ne possède pas la résistance nécessaire, cela peut s'avérer tragique.

Le chemin de l'esprit passe par le développement de la conscience. Vous n'êtes pas seuls, vous n'êtes jamais seuls, la conscience est la voie de communication ordinaire avec l'esprit qui vous habite. Cela vous explique d'ailleurs pourquoi « Dieu voit tout ». L'une de vos composantes est spirituelle, l'esprit ne peut rien déguiser, rien cacher, il ne peut mentir qu'à lui-même, cela ne passe jamais inaperçu.

La conscience permet donc à l'esprit de s'exprimer. Vous le savez, au sein de l'Esprit, les niveaux d'évolution sont aussi variés que sur votre plan. Chacun d'entre vous peut influer puissamment pour élever le niveau de vos entités proches. Si par votre volonté propre, par votre intelligence et par vos actes vous essayez de progresser, de vous ouvrir, vous alertez des niveaux de l'Esprit de plus en plus évolués, de plus en plus « hauts », prêts à vous venir en aide.

Mais auparavant ils doivent s'assurer de votre solidité, vous préparer en quelque sorte à affronter ce qui vous attend, car l'homme étant ce qu'il est, l'esprit issu de l'homme compte le meilleur comme le pire. On ne peut faire abstraction du pire.

C'est « l'initiation », une période de difficultés intenses que vous aurez à résoudre seuls. Nul n'y échappe. A ce stade, importe plus l'état d'esprit avec lequel vous traverserez ces difficultés que le résultat tangible qui découlera de vos solutions. Mieux vaut l'échec avec un cœur pur qu'un succès qui aigrit ou monte à la tête. Les résultats importants sont pour plus tard. « Mon Royaume n'est pas de ce monde », disait Jésus.

L'Esprit est aussi vaste que l'est l'humanité, depuis les origines. Certaines de ses sphères sont plus « basses » que d'autres, nous préférons dire plus chargées, plus lourdes, plus proches de vous en somme que les sphères « libérées », détachées des contingences physiques, qui elles aspirent à « Dieu ».

Mais ces sphères sont imbriquées et interdépendantes. L'homme le plus évolué, le plus contemplatif, peut vivre, sur votre terre, perdu dans un nuage. Il a, cependant, besoin de blé, ou de riz, donc des autres. Il en est de même pour l'Esprit, dont les racines plongent en vous et nourrissent le feuillage, qui à son tour vous oxygène.

Nous avons précédemment parlé de processus de distillation, ou le plus subtil se sépare du plus grossier. Le plus subtil s'échappe vers Dieu, mais conserve des affinités avec son milieu d'origine.

Nous parlons aussi de décantation : le plus lourd redescend, comme un engrais, et ce qui est pur surnage. Ainsi pouvez-vous imaginer le tampon que nous sommes, entre les hommes dont nous sommes proches, et l'Esprit subtil de Dieu que nous rejoindrons un jour.

Vous, êtres de chair, pouvez, au cours de votre existence terrestre, vous élever spirituellement jusqu'à nous. Lorsque s'ouvrent les portes vous devez affronter le mal, cette partie dense de l'Esprit qui est aussi une partie de vous-même. C'est la période initiatique. Elle vous démolit ou vous purifie selon ce que vous êtes. Une fois franchie cette zone dense, vous parvenez à la Lumière, vous comprenez. Dans le processus vous emmenez l'esprit qui est en vous et qui se purifie avec vous. Ensemble, vous « court-circuitez » le mal, les forces de désunion, qui ne peuvent alors plus grand-chose.

Renforcez en vous les affinités avec l'Universel, et vos « démons », s'affaibliront d'eux-mêmes. Les ennuis, les problèmes, les coups ne vous seront pas épargnés, le paradis n'est pas de ce monde. Mais au fond de vous-même vous en porterez le germe. Vous recevrez soutien, consolation, amour, vous pourrez alors tout affronter. On encaisse facilement quand on sait, on souffre quand on ne comprend pas. Les coups n'affaiblissent pas le Vainqueur.

La voie de la souffrance

« Dieu dit à l'homme : Tu gagneras ton pain à la sueur de ton front. » Péché des origines suivi d'une condamnation ? ou bénédiction ?

« Je suis venu, a dit Jésus, racheter les péchés du monde. Il n'y a pas de condamnation mais une voie à trouver. »

Nous disons : A chaque étape de l'évolution correspond un langage. Au Dieu sévère et jaloux des temps anciens a succédé la notion de Royaume, prêt à accueillir, puis celle de Communauté des Croyants.

La Loi naturelle est suffisamment dure pour que

nous ressentions la notion de sévérité divine. Mais l'homme apprivoise la Loi naturelle. Seul, il est faible, il ne peut pas grand-chose, mais derrière un chef, un guide, il trouve les forces de cohésion nécessaires pour construire le Royaume ou la Communauté. La force issue du groupe le protège.

Jésus a prôné l'amour et la communion, mais pour maintenir la cohésion au sein de troupeaux mal préparés, les églises qui ont suivi ont enseigné la peur traditionnelle. Les dogmes des sectaires sont même parvenus à caricaturer l'enseignement du Libérateur. Certains vrais croyants l'ont rejoint en dépit de ceux qui pensaient le représenter sur terre. Peut-être, dans le fond, est-ce cela qu'il voulait, des âmes solides pour le Royaume, les vraies pierres du troisième temple, celui qui ne doit pas s'effondrer.

« Au sein de la Communauté des Croyants, chacun est seul face à Dieu », a enseigné Mahomet. C'est à chacun qu'il appartient de se purifier pour, un jour, rencontrer Dieu. Mais pour que la Communauté se construise, il faut, hélas, distiller la peur. L'homme est ainsi fait qu'il n'avance que si on l'aiguillonne. Sinon il s'endort.

La nature pourtant dispose d'aiguillons suffisants sans que l'homme lui en procure. Ce que n'admettent pas certains régimes totalitaires qui veulent le bien de tous par la désespérance de chacun, prétendant même fermer la soupape de l'évasion spirituelle.

Sous quelque système de pensée qu'il vive, l'homme a peur. Il a peur des autres, il a peur de lui-même, il a peur de l'avenir, il a peur de la vie. Il boit, se drogue, s'abrutit de plaisirs, il fait la guerre ou se laisse couler dans un fatalisme stérile.

L'homme n'a pas à subir de système de pensée, il doit découvrir le sien propre. « La Loi est faite pour l'homme, et non pas l'homme pour la Loi », a dit Jésus. Ceux qui parviennent à surmonter la peur deviennent des rebelles, des marginaux, des prophètes. Ils se construisent souvent contre leur entourage. Seules quelques civilisations bénies parviennent encore à préserver pour chacun le droit à l'évolution, en se basant sur le respect de l'être.

Pourtant, c'est là que nous voulons aller, nous, conseillers spirituels de l'époque : vers la construction d'un homme-citoyen, responsable devant lui-même avant de l'être devant les autres, capable de définir sa propre voie vers l'Universel. Un homme librement ouvert aux affinités qui le lient à son espèce et à l'univers au sens large. L'Homme sans craintes devant son Créateur.

Nous n'aurions jamais pu parvenir à ce degré d'ambition si au fil des siècles nous n'avions souffert et appris. De l'homme frustre, soumis à la cruauté du hasard, à la brutalité de la nature, jusqu'à l'homme-conscience qui s'apprête sereinement à contempler Dieu il n'y a finalement que l'épaisseur d'une bénédiction :

« Tu gagneras la vie au prix de ta souffrance. »

Ceci n'est pas une apologie de la souffrance. Si la promesse de vie est une bénédiction, la souffrance, comme le désordre violent des basses couches de la nature, n'a rien d'admirable. La vie distille à chacun ce qui lui est nécessaire, point n'est besoin d'en rajouter, surtout pour les autres. Nous nous méfions beaucoup des grandes âmes qui édictent : « Il faut qu'"ils" en bavent, ça va leur faire du bien. »

Nous préférons celui qui pense : « La voie dans laquelle je m'engage est dure, et je prie pour qu'On m'aide. » L'impossible n'est pas exigé, qui a le cœur pur obtiendra le soutien nécessaire.

La générosité

Semez sur une terre prête à recueillir le grain, ne vous acharnez pas sur un sol stérile. Donnez à qui peut recevoir, à qui en a besoin. Gardez le cœur ouvert aux appels silencieux, mais ne vous imposez pas. Devant les exigences bruyantes, essayez de voir plus loin, car il est des formes de chantage auxquelles il ne faut pas céder. Le maître guide en la matière est la volonté de dignité, la vôtre et celle des autres.

Quand vous donnez, n'attendez ni affection ni reconnaissance en retour, cela ne dépend pas de vous. L'autre est aussi imparfait que vous l'êtes. La générosité n'achète pas. Si vous semez, d'autres récolteront, et c'est très bien ainsi, car vous-même récoltez ce qui a été semé avant vous.

La générosité est une attitude face à la vie, elle procède d'un courant beaucoup plus profond que ceux générés par le simple échange. Le don n'est pas une transaction déguisée. Mais la confiance, le courage et l'ouverture qu'implique la générosité tracent une voie naturelle vers les plus hautes aspirations de l'Esprit. C'est la voie des hommes de bonne volonté.

La dignité

Si les pierres du Temple ne sont pas solides, il s'effondrera. La recherche de la dignité, c'est la conquête de cette solidité.

L'orgueil est un masque qui voile de profondes faiblesses. La dignité n'a rien à voir avec l'orgueil. L'humilité, c'est la capacité de faire une évaluation juste de soi-même, en toute connaissance de cause. Que vaut l'homme face à l'univers? Pas grand-chose. Voilà l'humilité.

Que veut l'homme face à l'Universel? Servir à quelque chose. Voilà la dignité.

Savoir qu'un jour ou l'autre chacun trouve sa place et sa véritable utilité, c'est l'armature autour de laquelle tout peut se construire. Cette confiance-là prend racine dans le passé et se prolonge dans l'avenir, elle traverse le présent auquel elle n'a pas à faire de concession. Elle n'est ni humble ni provocante, elle ne se nourrit pas d'ambitions inutiles. Elle est en nous, à chacun de la découvrir, à chacun de la reconnaître chez l'autre.

Vivre

La vie terrestre est un apprentissage. L'une des premières choses à apprendre, c'est voir.

Vous êtes plongés dans un brouillard de scories, dans un nuage d'alluvions transmis par les générations qui vous ont précédés. Ne leur en veuillez pas, on ne découvre rien si on ne cherche pas, et pour trouver il faut remuer de la boue. Vous héritez des découvertes, des inventions, des recherches de vos anciens, vos descendants bénéficieront de vos travaux, mais, eux aussi, devront, à leur tour faire le tri. Tout n'est pas bon, dans ce que vous laisserez.

Si votre regard s'arrête aux apparences, la vie n'est pas jolie. Vous êtes de ces aveugles dont parlent les prophètes. Si vous êtes éblouis par les illusions que toute société fabrique, par les plaisirs immédiats, par les ambitions vaines, vous êtes non seulement aveuglés, mais aussi assourdis. Vous ne pouvez entendre la voix de la conscience si tout votre être s'abrutit dans les futilités.

Il faut donc voir au-delà de l'apparence, au travers de l'agitation et du clinquant, en dépit des peurs et des angoisses, ce qui se cache sous le plus ancien des camouflages : l'évidence. Vous ne voyez pas l'air que vous respirez, le poisson ne voit pas l'eau qui l'entoure.

Vous apercevrez d'abord de petites lueurs d'espoir, ne serait-ce qu'en regardant les voisins qui ne sont pas aussi laids que vous l'imaginez. Vous découvrirez de la beauté dans ce que vous pensez connaître et qui vous semblait gris. Vous trouverez du charme aux choses les plus simples et du goût aux aliments communs. Vous vous ouvrirez petit à petit à la musique du monde, à la splendeur de la création, et votre cœur s'ouvrira. C'est ainsi que la Beauté vraie s'installera pour définitivement transformer votre regard sur l'univers. Quand la Beauté est en vous, le plus immonde cloaque devient une œuvre d'art, car vous en percevez les mécanismes cachés.

Quand vous aurez appris à voir, le désespoir, la peur, deviendront des notions relatives. Vous percevrez la finalité de toute chose. Voir permet de comprendre, et, en ouvrant votre cœur, vous accéderez à la Connaissance.

En apprenant à voir, vous trouverez votre voie, votre utilité, vous parviendrez à maîtriser le destin. Ce n'est pas facile, c'est possible. Méditez, réfléchissez, apprenez à faire le tri, à discerner l'important, ce qui rapproche, de l'accessoire qui aveugle et isole. La Beauté pure ne s'encombre pas de superflu.

Faites qu'en vous la vie soit belle, elle sera belle autour de vous.

Le désespoir

Les murs sont gris, le temps est triste et on est seul malgré la foule, sans projets, sans soutien, sans foi. Tout s'écroule autour, ce sur quoi on s'appuyait, ce qui paraissait solide.

On maudit Dieu, et la vie, et les autres. On est vide, à l'intérieur, avec pour seule énergie, la révolte, quand l'apathie ne vient pas l'étouffer. On ne comprend plus rien.

C'est le fond du gouffre, le bout du rouleau, là où l'on sent confusément qu'il faut détruire quelque chose. Alors, selon le tempérament, on veut détruire chez les autres, ou on se détruit soi-même.

C'est la vie.

Ou du moins un tournant. Vous n'êtes jamais seuls, avons-nous dit. Du plus profond désespoir naissent parfois des choses sublimes, ou tragiques...

Et si...

Si le chemin dans lequel vous étiez engagés n'était qu'un cul-de-sac, et que vos entités accompagnatrices en aient pris conscience, que peuvent-elles faire ?

Qui êtes-vous ? Avez-vous la capacité de faire machine arrière, êtes-vous assez solide pour changer de cap, possédez-vous l'humilité nécessaire pour reconnaître ce que vous êtes, ce que vous valez, avez-vous le courage de tout remettre en question ? Qui accusez-vous ? Les autres, Dieu, le destin ou vous-même ?

Car tout dépend de cette analyse. Si, bloqué par l'orgueil, vous ne pouvez vous en prendre qu'aux autres, votre désespoir est tragique. Vous nuirez à autrui, ou vous vous suiciderez, ce qui, dans un sens, revient au même. Vous êtes dans la position d'un navire hors d'état de manœuvrer qui ne peut que couler ou se fracasser sur les récifs. Et personne ne peut vous aider, puisque l'autre, c'est l'ennemi.

Si, par contre, dans le plus profond de vous-même vous parvenez à tenir un raisonnement de ce type :

« Quelles que puissent être les circonstances, aussi violente que soit la tempête, si je craque, c'est que je ne suis pas assez solide. Je ne suis pas assez fort pour étaler. N'étant pas maître du vent, je ne peux m'en prendre qu'à moi-même. Fasse que mon naufrage serve à quelqu'un d'autre, qu'il ne soit pas tout à fait inutile ! »

A ce moment précis, vous n'êtes plus rien. Et parce que vous n'êtes plus rien, vous avez toutes les chances, car maintenant les entités qui vous aiment peuvent agir. Débarrassé de l'inertie de vos fausses certitudes, vous devenez manœuvrable, vous vous en remettez à Dieu. Du plus profond du désespoir naissent les plus belles prières, les plus profondes, les plus fortes. Elles sont toujours entendues.

Théismes

Si la limite de votre univers s'arrête à votre personne, si votre ouverture sur le monde n'est qu'un reflet de votre égoïsme, si les intérêts qui vous motivent ne concernent que vous, ne cherchez pas Dieu là où il n'est pas. Le dieu qui vous concerne est aussi grand, aussi puissant, aussi bon, aussi généreux que vous l'êtes vous-même. Dieu n'est pas en vous, vous êtes dieu. Continuez à vous prier vous-même, vous vous exaucerez certainement si vous en avez les moyens. Vous faites partie de ces monothéistes qui disent : « Dieu avec moi, et tant pis pour les autres. »

Si vous concevez que vous êtes plus grand que vous ne le paraissez et plus petit que vous l'aimeriez, que vous n'êtes qu'une fraction, mais une fraction utile de votre communauté, si votre conscience vibre à l'unisson du groupe auquel vous appartenez, Dieu, pour vous, est l'entité de puissance, l'Esprit-groupe, dont dépend votre famille, votre clan, votre parti, votre syndicat, votre religion ou votre pays, selon « l'ouverture d'esprit » qui vous est propre. « Dieu avec nous » implique que d'autres dieux puissent protéger les autres. C'est le fondement du polythéisme.

Si le groupe auquel vous adhérez est la communauté des hommes, l'espèce humaine, et si vous en restez là, alors Dieu est une émanation de l'homme, le meilleur, peut-être, mais humain cependant. S'il n'y a qu'un Dieu, l'apparence que vous lui donnerez sera celle d'un homme. Tout alors vous appartient, vous avez tous les droits sur la nature et sur l'univers. Vous êtes très grand.

Si vous n'êtes qu'une poussière de l'univers, avec la conscience que la vie ne commence ni ne s'arrête à la petite espèce qu'est la vôtre, que l'Intelligence, si elle s'exprime parfois chez les hommes a bien d'autres façons de se manifester, si vous pensez qu'avant l'espèce humaine il y avait bien d'autres choses, et qu'après l'espèce humaine tout peut continuer, alors vous appréhendez l'Universel, notre Dieu unique, immense et tellement proche, puisque vous vivez.

Pour parvenir à l'Universel, certains doivent traverser des stades intermédiaires qui ne sont nullement condamnables. C'est le polythéisme de la nature. Il conduit insensiblement de l'homme, de l'animal, de la plante, de la plus infime particule minérale, à la divinité. Puis, parce que tout est lié, de l'ensemble de l'univers perceptible à Dieu.

Dieu a fait l'homme à son image, l'homme a le dieu qu'il mérite.

L'homme simple entre plus facilement en harmonie avec ce qui l'entoure que l'homme complexe, empêtré dans ses théories et ses certitudes. Il ne se complique pas inutilement l'existence, il pense avec son cœur, il est souvent plus proche de la Connaissance que celui qui pense avec des mots.

Les voies de Dieu sont multiples. Dans l'histoire de l'homme, des manifestations de l'Esprit ont donné naissance à des peuples, qui peuvent à juste titre clamer : « Dieu avec nous. » Ces peuples, cependant, partagent un Ancêtre que certaines Traditions symbolisent par Abraham, le Père de toutes les nations.

Il n'y a pas, d'un côté les justes choisis par Dieu, et de l'autre les damnés, les infidèles, les non-peuple. Il y a des hommes, tous issus de la même origine, les uns riches, les autres pauvres. La richesse implique la responsabilité. « Donnez, disent les Écritures, ne gardez pas pour vous le meilleur, ne cachez pas ce qui appartient à tous. » Qui est choisi par l'Universel doit tourner sa conscience vers l'Universel et agir en conséquence.

Qui garde pour lui ce qui appartient à tous adore une idole, crée un faux dieu, ajoute son empreinte dans la palette des démons. Que ceux qui entendent comprennent.

La prière

Quand vous priez, priez aussi haut que vous pouvez atteindre. La prière est de la pensée active, elle renforce son destinataire qui en retour renforce celui qui prie. Si votre prière renforce les couches lourdes de l'Esprit, vous recevrez en retour ce qu'elles peuvent donner.

Si dans votre prière vous cherchez à vous dépasser, visez haut, très haut, avec toute la force de votre sincérité et de votre conviction. Vous contraindrez les couches intermédiaires de l'Esprit à s'élever, elles aussi. Elles portent votre pensée, elles conduisent votre prière. Plus haut vous parviendrez, plus petit et plus léger vous vous sentirez, plus subtil aussi sera le « choc en retour ». Cette prière implique une purification de votre être, vous serez plus sensible. Infiniment riche sera la réponse.

Mais attendez-vous dans le processus à affronter les « Puissances » que vous contraignez à s'élever, car elles sont comme des portes. Votre prière convoie en elle le reflet de ce que vous êtes, les portes s'ouvriront si vous en êtes dignes.

Vous commencerez par prier, car vous avez besoin d'aide. Si vous êtes sincères, vous finirez par la vivre, votre prière. Elle ne sera plus faite de sons, de mots, d'attitudes ni de rituels. Quand votre vie entre en harmonie avec l'Universel, elle devient prière vivante, permanente, et vous rend disponible, confiant, utile.

Les mots, les attitudes, les rituels de la prière n'importent que s'ils vous aident à vous élever, spirituellement. Ce ne sont que des supports, ils ne remplacent jamais une vibrante sincérité. Dieu se dévoile à l'homme qui se livre, même s'il ne sait pas parler. Priez dans le fond de votre âme, dans votre secret qui ne l'est pas pour Dieu, ouvrez-vous à la sincérité. Vous serez entendus. Et vous constaterez que priant d'abord pour vous, vous vous élargirez progressivement vers les autres et qu'en bout de course la Conscience de l'Universel vous attend.

La liberté

Ce n'est pas un droit, c'est une aspiration. L'homme est un être soumis, aux lois dc la physique, aux lois naturelles. Il doit manger pour vivre, il dépend de qui le nourrit. Tant que l'homme reste humain dans le corps comme dans l'esprit, il obéit aux lois qui régissent l'espèce. S'il se révolte, il doit payer pour sa révolte.

La liberté ne se trouve qu'en Dieu, là où est la Puissance. Le chemin qui sépare l'homme aveugle de la Conscience est long, long comme l'évolution quoi qu'en disent les vendeurs d'illusion.

Pourtant, des voies sont ouvertes pour ceux qui veulent comprendre.

Elles sont, nous l'avons dit, difficiles, avec de nombreuses étapes. Mais beaucoup les ont reconnues avant vous. L'ascension est plus sûre quand la route est déjà balisée. Apprenez, réfléchissez, méditez. En renforçant votre conscience, en élargissant votre ouverture vers l'Esprit, vous diminuez votre dépendance vis-à-vis du milieu et de ses pesanteurs. Vous resterez, certes, soumis à ses lois fondamentales, mais vous les comprendrez, vous les accepterez. Elles paraîtront moins astreignantes.

Si vous parvenez, en plus, à aimer, alors vous serez proches de la Liberté, aussi proches qu'il vous est possible de l'être, dans l'état « physique ».

Si vous aimez ce que vous faites, ce n'est plus un travail mais une manifestation d'amour. Les affinités qui vous relient à l'œuvre ne vous asservissent pas, au contraire. Et si vous parvenez à l'harmonie, si vous pouvez dire : « Je suis mon œuvre et mon œuvre est moi », alors vous approchez le symbole de la création, où Créateur et création ne sont pas dissociables, le cœur de la Liberté.

Vous pourrez alors affirmer : « Si je dépends de quelque chose, je suis asservi. Si j'englobe en moi ce dont je dépendais, je ne dépends plus de rien, je suis libre. Le Tout sera en moi, je serai dans le Tout, la voie qui y conduit est celle de l'Amour. »

Comme l'enseigne Jésus, le Libérateur.

Certains concoivent la liberté individuelle comme le droit d'assouvir ses pulsions sans entraves.

D'autres disent : « La liberté des uns s'arrête où commence celle des autres. » Ce qui est mieux.

Nous préférons dire : La liberté se gagne, non contre autrui, mais contre soi-même. L'homme libre, s'il existait sur terre, serait l'homme de tous les devoirs.

Les limites de chaque individu varient en fonction du niveau d'évolution. En période d'apprentissage, l'homme ne possède pas les outils nécessaires pour faire bon usage de la liberté. Elargir abusivement les limites à ce stade est dangereux, pour l'individu comme pour ce qui l'entoure. On ne peut concevoir de liberté sans connaissance et de connaissance sans responsabilité. Pour devenir libre, l'homme doit avant tout devenir responsable.

Alors il peut puiser librement, il fera bon usage de ce qui lui est donné. Offrez aux hommes qui ne sont pas prêts, la liberté de puiser et la liberté de choisir ce qu'ils veulent donner, ils s'étoufferont avec ce qu'ils prennent, ils refuseront de donner. L'homme est ainsi fait.

Avant d'accéder à l'état dc liberté, il faut apprendre ce qui est important, pour vous et pour les autres. Sans cet apprentissage, « Liberté » est une vaine notion.

Certains êtres se pensent libres parce qu'ils vivent en parasites sur le tissu social, malfaisants souvent, inutiles toujours. Ces êtres — ou ces peuples, si on élargit la vision — dépendent en réalité du bon vouloir d'autrui, ils sont parfois protégés par des lois généreuses, mais la générosité de l'homme a ses propres limites. Celle de l'Esprit aussi. La générosité n'est pas la faiblesse, qui est aussi néfaste pour celui qui la pratique que pour celui qui en abuse. Ces hommes qui se disent libres, esclaves de leurs pulsions, n'ont rien compris.

D'autres se croient libres, car ils ont peu de besoins, et ne dépendent *a priori* de personne. Ceux-là sont plus proches de notre notion de Liberté. Mais l'autarcie est une illusion dangereuse, une fausse sécurité. Les systèmes étanches sont des exceptions, ils ne durent pas. L'homme doit évoluer avec l'homme.

Une dépendance trop forte engendre l'état d'esclavage. Dieu en a libéré le Peuple, le premier des symboles de l'évasion par l'Esprit. Ce qui est produit dans l'Esprit passe la barrière des siècles, et tous peuvent puiser. Ce n'est pas une voie facile, elle traverse des déserts, des épreuves, mais les richesses qu'elle produit nul ne peut les détruire.

D'esclave, l'homme devient serviteur, car l'homme solide, construit dans sa tête et dans son cœur, gagne sa liberté en servant. En servant l'Homme ou en servant Dieu, qu'importe au fond, les deux notions se rejoignent au sein de la Conscience. L'utilité dans l'Amour est peut-être la meilleure définition de la Liberté que nous puissions donner.

La Liberté est un devoir, mais un devoir individuel. Vous ne pouvez libérer que ce qui dépend vraiment de vous : vous-même, quand vous êtes prêts. Quant à vos proches, préparez-les, expliquez-leur, ne leur imposez rien. Il appartient à chacun de prendre la décision : « Je veux marcher sur la voie qui conduit à la Liberté, et je suis prêt à en payer le prix. » Vaste programme !

La sagesse implique que dans toute société, toute organisation humaine, des espaces soient aménagés pour que chacun puisse se réaliser, et que ceux qui aspirent à la Liberté trouvent les moyens de progresser. Prétendre bloquer des aspirations, vers la Connaissance, vers la Liberté, vers Dieu, est irréaliste. L'être de chair ne peut s'opposer à la volonté de l'Esprit. Ce que les tyrans, quel que soit leur domaine, devraient méditer en relisant l'histoire.

La responsabilité

Les irresponsables disent : « C'est la faute de... », ils ne sont jamais en cause, on ne peut pas grand-chose pour eux.

Les masochistes disent : « Tout est de ma faute. » Ils prennent les péchés du monde sur leurs épaules, même quand ça ne leur est pas demandé. Peut-être ont-ils leurs bonnes raisons.

Le sage dit : « Il y a ce que je contrôle, surtout en moi, et les intempéries. Face à un événement, prévu ou imprévu, heureux ou terrible, je réagis. Si je ne puis être tenu pour responsable des événements extérieurs, de ce qui échappe à ma volonté, je reste responsable de mes réactions. »

« Mais, diront certains, tu n'es pas seul, ton âme est habitée, l'Esprit, en toi, t'influence et te guide. Donc tes réactions ne t'appartiennent pas en propre... »

« Holà ! répondra le sage. J'ai appris à maîtriser mes pulsions, mes impulsions, mes instincts. Si l'Esprit dicte, et que j'agis, c'est que je suis d'accord. L'homme construit n'est pas un jouet, mais un partenaire. Ce que je fais, je le fais volontairement, je suis responsable. »

Là est la grandeur des martyrs, des héros et des saints.

La conscience globale

S'élever dans la connaissance, élargir sa conscience, englober l'univers, c'est aussi assumer les responsabilités de ce que l'on englobe.

Lorsque Jésus a dit : « Je suis venu pour racheter les péchés du monde », c'est que le niveau qu'il avait atteint lui permettait de le faire.

« Tout bon pensent certains, que des sauveurs nous viennent pour encaisser à notre place. » C'est un faux calcul. Le monde de l'Esprit est peuplé d'âmes qui ont payé, parfois très cher, prenant sur elles ce qu'un juste partage des responsabilités leur aurait évité. Elles disent :

« Que les innocents soient rachetés et que ceux qui comprennent payent le prix juste. Sans anathème ni haine, qu'il soit donné à tout homme de pouvoir s'évaluer, un jour, en toute conscience, et que la rétribution soit librement acceptée. En actif ou en passif, la balance de cette comptabilité décidera de l'avenir de chacun. »

Il y a de moins en moins d'innocents, car la Connaissance a fait de grands bonds.

Toute action entraîne une réaction. La pensée, qu'elle soit d'amour ou de haine est vivante. Le corps humain réagit au tangible, mais aussi à l'intangible, au mesurable comme à l'incommensurable. Nous sommes ce que nous voulons être, et avec nous l'Esprit qui nous accompagne.

Tout mettre, le bien comme le mal, sur le compte de Dieu et s'en laver les mains n'est pas une attitude d'homme. Le destin nous pousse vers les plus hauts échelons de la Conscience universelle si nous en acceptons la responsabilité. Sinon, car le choix existe, nous serons comme des légumes à la merci d'un jardinier.

Que ceux qui refusent ce statut comprennent : il appartient à chacun de se construire, il appartient à chacun de savoir, il appartient à chacun de s'évaluer, de se juger, dans un monde ou dans l'autre.

Et que ceux qui seraient tentés d'intervenir dans ces procès personnels, prennent la peine de s'évaluer eux-mêmes. Vous serez contraints de vous juger selon vos propres lois, nous plaignons ceux qui ignorent la tolérance et la compassion.

Ceux qui atteignent la conscience globale parviennent à reconnaître :

« Certaines choses ne me plaisent pas, pourtant, je suis en cause. L'homme, par exemple, tue. Je m'y refuse, obéissant à la Loi fondamentale. Mais on tue, mais on a tué pour moi. Que serais-je, que serait mon cadre de vie, si des hommes n'avaient pas combattu ? Je ne veux pas infliger de souffrance. L'homme, pourtant, la dispense largement, aux autres hommes, aux animaux, à la nature, à l'Esprit. Et ne serait-ce que par mon alimentation, j'en suis en partie responsable. »

On ne peut, au sein de la conscience globale, faire abstraction de la cruauté de la nature ou de la bêtise humaine. Cela existe et vous montre la marche à suivre : ne vous fracassez pas la tête contre les faits, mais pratiquez le bien, jusque dans les menus détails de la vie quotidienne, et le mal s'asphyxiera de lui-même.

Quitte à nous répéter, nous définissons comme « bien » tout ce qui crée des affinités positives entre vous et l'environnement, tout ce qui tend vers la Conscience globale, tout ce qui construit dans l'Amour. Le « mal », lui, isole, sépare, détruit par la haine, malgré les apparences qu'il se donne.

Le respect

Il y a les marques extérieures de respect, elles varient selon les coutumes. L'homme ne peut voir ce qui lui est caché, aussi s'attache-t-il à ce qui est visible. Ce n'est pas le cas dans l'Esprit.

Mieux vaut un aspect profondément ressenti qu'une gesticulation hypocrite. Respecter n'implique pas de se mettre à genoux, de baisser la tête ou de marcher à reculons. Si vous y êtes naturellement portés, à la bonne heure ! mais pour nous, c'est ce que vous ressentez qui importe.

Le respect profond est un corollaire de la

confiance. On respecte un homme sur qui on peut compter. Respecter Dieu, c'est Lui faire confiance. C'est aussi une sorte de pacte, car en réaction la confiance en Dieu entraîne la confiance en l'homme. Respecter Dieu, c'est respecter autrui, et au bout du compte se respecter soi-même.

Ceux qui pensent affirmer leur supériorité en méprisant les autres se trompent. Mépriser, c'est se mettre en situation de ne pas pouvoir comprendre, ou pire, c'est ne pas vouloir comprendre. C'est donc renoncer par avance à l'attribut principal de l'homme : l'intelligence. Sans intelligence, s'il est possible de se prétendre supérieur, il est difficile de le prouver.

Respecter, ce n'est pas s'abaisser, c'est reconnaître les qualités d'autrui. C'est donc s'éveiller, c'est aussi s'enrichir. Car si on découvre des trésors chez autrui, on peut en bénéficier.

Ne cherchez pas le mal, trouvez le bien.

Et quand l'homme percevra chez l'homme l'étincelle de la présence divine, le Royaume ne sera pas loin de la terre.

La paix

L'homme solide a réussi à faire la paix, avec autrui et avec lui-même. Faire la paix, c'est rompre les amarres des rancunes et des haines. Vous n'en êtes pas toujours conscient, mais la haine est une chaîne tenace qui vous lie bien au-delà de la mort. Lorsqu'elle vous tient, vous ne pouvez pas vous élever, attachés que vous êtes à l'objet de votre haine.

C'est « l'enfer » des « damnés ». Dévorés par un feu intérieur, victimes de leurs propres poisons, ils doivent apprendre à pardonner, à se libérer de leurs chaînes. Cela peut prendre beaucoup de temps.

Pour que personne, dans un monde comme dans l'autre, ne puisse s'attacher à vous par les liens de la haine, il vous faut faire un grand ménage intérieur. Voici comment procéder :

— Pensez à ceux que vous aimiez, ceux que vous aimez. Remerciez-les pour ce qu'ils vous ont apporté. Sans eux, vous ne seriez pas ce que vous êtes. Remerciez-les, priez pour eux. Vivants ou morts, qu'ils aient la paix.

— Penchez-vous aussi sur la multitude d'êtres, bien souvent anonymes, qui ont croisé votre chemin. Un sourire, une main tendue, un petit service, la vie est pleine de ces bonheurs anodins. C'est toujours bon à prendre, et quand tout va mal, ça soutient. Pensez à eux. Qu'importe les noms ou les visages, la mémoire fait souvent défaut, pensez aux actes et remerciez. Priez. Vivants ou morts, qu'ils aient la paix.

— Puis, car vous n'y échapperez pas, il vous faudra penser à ceux qui vous ont fait du tort, qui vous ont blessé, même si vous croyez les avoir oubliés. Ces blessures sont en vous, prêtes à resurgir.

C'est dur d'affronter à nouveau ce qu'on croyait définitivement enterré. Pourtant, cela vous attend, ici-bas ou dans l'au-delà. Car chacun porte la responsabilité de ses actes, qui vous a fait du tort devra un jour vous demander pardon. A vous de vous y préparer.

C'est un mauvais moment à passer. Ce n'est pas le dernier. Si vous comprenez que votre construction, votre solidité intérieure dépend des obstacles que vous avez surmontés, alors vous pouvez admettre que ce que vous êtes, vous le devez aussi à ceux qui vous ont nui. S'ils ne vous ont pas brisés ils vous ont renforcés.

Vous avez le droit de ne pas aimer vos bourreaux, mais vous avez la capacité de leur pardonner. Si vous êtes assez forts remerciez-les pour ce qu'ils vous ont apporté, car vous apprenez davantage dans l'épreuve. Priez pour eux. Ne faites pas obstacle dans leur quête de paix, car vous vous asserviriez.

— Et enfin, c'est la partie la plus dure du programme, priez pour tous ceux que vous avez lésés, sciemment ou inconsciemment. Priez pour qu'ils trouvent la force de vous pardonner, priez pour que vous soit donné la chance de vous racheter. Personne n'est jamais condamné d'avance. Priez pour eux, priez pour vous. Priez sans concessions, sans faux-semblants. Vous ne pouvez rien cacher à l'Esprit qui est proche de vous. Dieu voit tout.

Les prières qui émanent d'un cœur sincère sont toujours entendues. Vous obtiendrez la paix intérieure. C'est un long processus, mais vous y parviendrez. Alors vous n'aurez plus de failles, sinon celles issues de votre sensibilité propre, donc plus de peurs. Vous gagnerez en sérénité, en confiance, en force. Ce ne sont pas de vaines promesses, d'autres ont suivi ce chemin avant vous.

C'est à ce prix que vous serez « Vainqueurs ».

Pensées noires, pensées positives

L'univers de l'esprit qui est proche de vous est littéralement asphyxié par les émanations des pensées négatives, ce que nous appelons les pensées noires. Vous les exprimez, vous les formulez, vous les émettez, il arrive que nous les inspirions, car nombre d'entre nous n'ont pas l'élévation spirituelle des Maîtres. Nous ressentons la crainte, la jalousie, l'envie, la colère, la peur aussi, parfois, et la haine, hélas ! Mais notre force individuelle, tant que nous ne sommes pas organisés en puissance d'inspiration comme c'est le cas ici, est insuffisante pour nous permettre d'influer sur le milieu qui est le nôtre. Vous n'en ressentez donc les effets que sous forme de brèves « impulsions », d'embryons de pensée.

Mais si vous prenez ces impulsions à votre compte, si vous vous en faites l'écho, alors se produit un phénomène d'amplification qui peut, quelquefois, mener au désastre. C'est ce qui arrive dans les manifestations de foule, les crises de folie collective, où chaque écho s'additionne pour déclencher un déferlement de forces difficilement contrôlable. Au plan individuel, lorsque votre propre écho trouve les résonances correspondantes au sein de notre milieu, celui de l'esprit proche, alors vous êtes submergé par des forces qui nous dépassent tous et modifient radicalement votre comportement. Les plus hauts faits d'armes comme les crises de démence trouvent leur origine dans ce phénomène.

Pour reprendre vos esprits, il vous faut alors un sursaut de volonté peu commun, ou un épuisement du « véhicule », du corps, qui ne peut plus fournir d'énergie. Car c'est de votre énergie qu'il s'agit. L'esprit, où qu'il soit, puise dans votre énergie pour faire — vous faire faire — le travail qu'il s'est fixé au sein de la matière dense. Le travail purement spirituel est plus économe en moyens et procède d'autres sources, nous en avons plusieurs à notre disposition comme vous, sur terre.

D'où le danger de vous laisser aller aux idées noires, aux impulsions négatives, celles qui détruisent, qui séparent, qui isolent. Vous alimentez ainsi un « nuage » déjà fort abondant, dont nous subissons les conséquences et qui vous reviennent, par notre intermédiaire, comme dans un cercle vicieux. C'est notre poison, la plus grande des pollutions de l'Esprit.

Le seul moyen pour vous et nous de le combattre est de cesser de l'alimenter. Il se videra de lui-même. La technique est d'une simplicité confondante, même si ses applications sont parfois dures à maîtriser. Mais avec un peu d'efforts vous y parviendrez.

Il vous suffit de bloquer en vous le moindre embryon de pensée « mauvaise ». C'est possible, vous bloquez net la pensée dans votre tête. Si cette impulsion provient de l'esprit proche, votre énergie lui est supérieure, si c'est vous qui la formulez, faites un effort de volonté. Si vous n'y parvenez pas, car certaines pensées sont tenaces, essayez de la détourner. C'est une gymnastique intellectuelle fort enrichissante, un peu comme vous feriez dévier une conversation qui vous déplaît. L'humour est une arme excellente, mais il en existe d'autres. En tout cas, ne prenez pas la pensée noire à votre compte, vous lui donneriez énergie et écho !

Parfois, car le « diable » est habile, vous vous surprenez à élaborer des idées dont l'origine échappe complètement à votre conscient. Si vous parvenez à contrôler, à ne pas remplir votre rôle d'écho, le mal n'est pas bien grand. Mais attention ! Ne vous laissez pas aller.

Si vous cherchez à maîtriser vos pensées, vous nous contraignez à maîtriser les nôtres, ce qui bénéficie à tout le monde. Plus ! Vos capacités intellectuelles sont alors libres de construire et de chercher, d'émettre de la pensée positive. Vous pouvez aussi faire le « vide », en vous, écouter. C'est à la base de toute méditation. Et vous pourrez plonger en profondeur, apprendre, par exemple, à prier.

La maladie

Il nous est facile de dire que la maladie est une épreuve qui renforce ou qui détruit. Vos deux composantes, biologique et spirituelle, sont affectées, lorsque vous tombez malade.

Les causes de la maladie sont variées, il faut les chercher dans une composante ou dans l'autre, parfois dans les deux. Il nous suffit de dire que l'état de maladie est une protestation d'ensemble. Dans le corps comme dans l'esprit, nombreuses peuvent être les raisons de disharmonie.

Si vous possédez les ressources spirituelles et physiques pour faire face, vous guérirez sans problème. Le « bon » en vous l'emportera sur le « mauvais » et vous en sortirez renforcés.

Si vous présentez des déficiences dans l'un ou l'autre domaine il vous faut de l'aide extérieure, médicale et psychique. Le corps n'est parfois pas assez résistant pour encaisser un choc dans le mental, inversement vous pouvez manquer de force intérieure pour supporter une violence physique. Tout est lié, ce que ne semblent pas comprendre certains professionnels de la santé.

La maladie est une guerre déclarée à l'échelle individuelle, les différents niveaux de conscience s'y manifestent. Comme dans la guerre, l'issue peut être soit la mort — qui n'est pas une condamnation —, soit une accélération de l'évolution, soit au contraire un affaiblissement général, une destruction.

Un corps délabré peut « tenir » grâce à une volonté farouche. Si cette volonté n'existe pas, est-il bon de maintenir artificiellement le véhicule en vie ? C'est à chacun de répondre, en son âme et conscience. Liberté doit en tout cas être donnée au malade de choisir. Le totalitarisme sous sa forme médicale n'est pas plus acceptable que les autres.

La technique humaine peut beaucoup, aujourd'hui, pour réparer ou corriger des déficiences ou des malformations physiques. Elle ouvre à la compréhension de l'homme les mécanismes de la nature, et en cela elle est bonne. Elle ne comprend pas encore très bien pourquoi les défenses naturelles s'effondrent parfois, mais elle y parviendra.

Affaiblissez le « bien », le « mal » prendra le dessus. Fortifiez le « bien », le « mal » se résorbera de lui-même. Toute guérison est avant tout une victoire intérieure, même si souvent une équipe y est impliquée.

« Va, ta Foi t'a sauvé », disait Jésus à un malade guéri. « Ta Force intérieure a emporté le morceau », pourrait-on dire aujourd'hui.

Tout miraculé qui échappe à ce que dicte la logique, ne l'est pas gratuitement. Il lui reste quelque chose à faire, à découvrir, à démontrer. Si un déclencheur extérieur est parfois nécessaire, c'est un accord intérieur qui réalise le miracle. Ne le réclamez pas vainement, tant que vous n'êtes pas prêts, profondément, en toute sincérité, à en acquitter le prix.

L'innocence

Les épreuves que subit l'adulte ne sont pas tolérables pour ses proches. La compassion est une vertu, et tout ce que vous ressentcz, de la pitié à la révolte, quand vous êtes les témoins de la souffrance d'autrui, est pris en compte par l'Esprit qui est proche de vous. Vous pouvez, en méditant, apprendre.

Qu'en est-il de la souffrance des innocents sans défense ? Celle des enfants, des orphelins, des laissés pour compte, mais aussi celle des animaux qui servent de jeux à l'homme. A qui profite-t-elle, que peuvent-ils en apprendre, eux qui n'ont pas les outils de la compréhension ?

Ne vous faites aucune illusion, derrière chaque être qui souffre, se trouve un esprit qui souffre aussi. Si vous, êtres de chairs, ne prenez pas en compte ces souffrances, d'autres êtres s'en chargent. Si vous portez une quelconque responsabilité dans ces souffrances, la facture vous sera présentée. Si vous ne pouvez rien faire d'autre, priez. En pensant aux victimes du monde qui est le vôtre vous renforcez l'esprit qui en est proche. Vous en tirerez bénéfice, par contrecoup.

Au sein de la plus profonde détresse des forces de consolation œuvrent, elles sont d'autant plus intenses chez les faibles et chez les innocents. Toutes les religions ont insisté sur l'obligation d'assister les orphelins, les veuves, les faibles, les démunis. Elles ont toutes leur prolongement dans l'Esprit et l'Esprit est actif.

Ce qui ne vous dispense pas d'agir. Ceux qui défendent, protègent, consolent, aident les plus petits, sont, sans le savoir parfois, bien proches des plus grands. Ils le comprendront ici, Nous les attendons.

Quant à ceux qui préfèrent ignorer, car c'est plus confortable, ils devront faire face, un jour, à cette négligence. Le confort est une notion toute relative, d'une extrême fragilité, une illusion qui endort.

L'enfant qui meurt

Quoi de plus injuste qu'un enfant malade, mal formé de naissance ou victime d'un accident absurde, quoi de plus révoltant que la souffrance d'un innocent ?

Les croyants aux yeux purs disent : « Dieu l'a voulu. Cette épreuve doit nous renforcer, l'enfant qui souffre est notre fardeau. A nous de l'assumer. »

Oui, mais...

Oui, un enfant qui souffre est une épreuve pour ses proches, qui, effectivement, doivent y faire face. C'est souvent difficile, mais il s'agit de problèmes d'adultes, présumés responsables. A chacun de trouver sa voie.

Les uns s'en remettent à la grâce divine, et prient, pour l'enfant et pour eux-mêmes. Les autres se révoltent, ressentent l'injustice vis-à-vis de l'enfant et vis-à-vis d'eux-mêmes. Toutes ces voies sont également fécondes.

Les uns prient et renforcent leur foi, cela les aide à surmonter l'épreuve. Ils reçoivent l'énergie nécessaire moins pour combattre le mal que pour apporter, dans l'amour, la consolation qui peut aider l'enfant. Les autres luttent, comme on combat l'injustice. Une volonté farouche, une détermination inébranlable sont des preuves de foi aussi intenses que la prière profonde. Elles peuvent emporter le morceau. Mais comme dans toute guerre, il y a des victoires, mais aussi des défaites qui sont alors très durement ressenties. A l'épreuve succède une épreuve pire encore.

Et puis, il y a ceux qui se voilent la face, qui abandonnent pour raisons de convenance personnelle. Ils passeront beaucoup de temps, un jour ou l'autre, à analyser leurs convenances.

Voilà du côté de l'adulte. Mais qu'en est-il de l'enfant ?

Pourquoi un être sans défense est-il assailli de maux contre lesquels il ne peut rien ? Qu'en est-il de ceux qui n'ont autour d'eux personne pour partager leurs souffrances ? De par le monde des enfants endurent, seuls, ce que des adultes ne pourraient pas supporter.

Il y a plusieurs façons d'aborder ce problème.

Un innocent souffre, dans un laps de temps réduit, toute la misère qu'il aurait eu à subir durant une vie « normale ». Il meurt.

Les croyants savent qu'il y aura compensation. Les autres disent : « C'est injuste. » Certains pensent même : « Dieu est un salaud, s'il existe, d'autoriser cela. »

Dieu, nous le pensons, n'a rien à voir dans cette affaire. Il est au-dessus de nos débats d'homme. Force de création, de répulsion ou d'attraction, inspirateur, il laisse à l'Esprit la charge et l'entretien des moteurs intermédiaires d'évolution. Dieu dans son ensemble est immobile, car en lui tout s'équilibre, Ses problèmes ne sont pas les nôtres. Il est le Un qui englobe, nous sommes une infime particule du Tout.

L'Esprit qui nous concerne est l'Esprit issu de l'homme, donc l'homme pris au sens large, avec ses bons et ses mauvais côtés. Lorsque vous pensez Dieu est un salaud, traduisez : l'Esprit qui nous conduit vers Lui est un salaud. Comme cet Esprit est en vous, que vous le vouliez ou non, vous êtes, vous aussi, un salaud. L'évolution, comme la perçoit l'Esprit, consiste à réduire ce noir côté de nous-même, d'en amortir les effets, et, de nuisible, le transformer en facteur utile.

Nous étions Fils de Dieu, et en tant que tels livrés aux tempêtes, aux cataclysmes, à la cruauté aveugle d'un système en gestation. Vous serez Fils de l'Homme. Nos enfants mouraient parce que c'était la norme, les survivants sont vos ancêtres. Vous refusez la norme, nous aussi. Autant que vous, plus que vous sans doute, nous avons souffert. Vous refusez la souffrance et vous avez raison. Le jour où vous ne l'infligerez plus, le Fils de l'Homme sera devenu adulte, aura rejoint son Père. Ensemble nous serons auprès de Dieu.

Mais en attendant des enfants souffrent, victimes des hommes, victimes de ce que vous ne comprenez pas. Le « mal » est en chacun de nous, plus ou moins bien maîtrisé. La maîtrise du « mal » physique conduit à un renforcement de l'organisme, donc à une meilleure chance de survie, selon la norme naturelle. Il en est de même sur le plan spirituel.

Si l'organisme n'est pas assez solide, il lui faut de l'aide extérieure : médicaments, intervention chirurgicale, parfois amour et prière. Nous pouvons intervenir, nous pouvons guérir des malades. Mais est-ce efficace de maintenir vivant un organisme qui ne peut pas assumer la vie ? Que voyons-nous, d'ici ?

Une petite âme qui va terminer son cycle terrestre. N'est-ce pas mieux pour elle ? Ici l'amour et la tendresse attendent, chez vous, longues peines, longues souffrances. Que faut-il faire ?

Certains « Enfants de Lumière » parviennent au travers de leur calvaire à conforter leurs proches, à émettre des vibrations d'amour si pures qu'elles transforment même les plus endurcis des adultes. Ce sont nos Petits Princes, ceux qui savent consoler, où qu'ils soient.

D'autres meurent en état de révolte. Ils auraient vécu de la même façon mais leurs tourments sont abrégés. Ils ont souffert. Beaucoup d'entre eux, d'ici, ne feront pas souffrir, car ils savent ce que cela signifie. Ils ont franchi un pas immense que bien des enfants heureux ne franchiront jamais. Ils ont beaucoup appris, priez pour qu'ils apprennent davantage au sein des Forces d'Amour.

Si vous avez confiance dans votre mort, vous aurez confiance dans celle de l'enfant. Sinon, ne serait-ce que pour évacuer un douloureux dilemme, vous serez amené à espérer que l'Armature du Monde ne soit pas faite d'injustice. Voilà le plus grand cadeau qu'un enfant mort puisse vous faire.

Essayez de maîtriser vos pulsions négatives, continuez à l'aimer, car il recevra ce que vous émettez. Colère, aigreur ou amour, cela vous appartient. L'Amour que vous donnerez, même du fond du malheur, vous sera toujours retourné.

L'idéal et la maison

Illusion ou guide, l'idéal est un moteur. Comme en tout, il y a des valeurs sûres qui survivent, et il y a des modes. L'amour, la fraternité, la communion, la maîtrise, la connaissance, la justice sont les grands guides de l'évolution. Il en est d'autres plus trompeurs.

La richesse est à double face, le bonheur aussi, comme la puissance ou la gloire. La raison commande de ne pas diviniser l'idéal, de le considérer comme une motivation, certes, ou comme une direction. Mais attention aux moteurs trop puissants qui font exploser les châssis, ou aux phares qui aveuglent. Il n'est pas demandé à l'homme des miracles, des exploits surnaturels, mais une patiente construction.

Vivre dans l'idéal est aussi vain que de s'enfermer dans la réalité concrète. Il y a toujours un point de départ, un parcours, une arrivée. Si la réalité concrète permet quelquefois d'appréhender l'instant, elle doit faire abstraction du mouvement, de l'évolution. L'idéal, quant à lui, trop fixé sur le but, oublie qu'il y a un parcours, et qu'en route, les perceptions évoluent.

Rien n'est jamais acquis à l'homme a écrit le poète. Ni l'instant ni demain. En perspective, son histoire elle-même échappe à son contrôle. Dans cet univers de mouvance, il ne peut compter que sur ce qu'il est. En lui se dessine un plan, celui de la maison qui l'attend, au bout du chemin.

Plus on avance, plus il est difficile de modifier ce que l'on construit. Quand on doit tout démolir, l'épreuve est terrible.

Faites en sorte de conserver à votre architecture intérieure une certaine souplesse d'évolution, votre maison doit être confortable dans l'instant comme dans le futur. N'en figez pas les plans au nom d'un quelconque idéal, méfiez-vous des « principes », ces notions trop rigides qui s'appliquent au présent.

Ceci implique de rester lucide. Ce n'est pas les autres qu'il faut remettre en cause, ils construisent leur maison, pas la vôtre. C'est à vous-même, au jour le jour, de vous réévaluer.

Si vous êtes grands et puissants, il vous faudra une grande maison. Si vous êtes craintifs et fragiles, elle sera fortifiée. Si vous n'êtes ni grands ni fragiles, mais ouverts et confiants, alors l'Univers est votre maison et vous y trouverez ceux que vous aimez.

Les rapports entre les sexes

Les rapports sexuels sont, comme le manger et le boire, une obligation de survie pour l'espèce. Comme toutes ces obligations, la nature a prévu de les rendre agréables. Ils font partie des besoins fondamentaux.

Cette activité a pour but premier la procréation. Une cellule est fécondée par une autre cellule, « choisie » parmi des millions d'autres toutes porteuses de caractéristiques différentes. Dans l'état actuel de votre science, cette fécondation est le fait du hasard, comme l'est, pour un observateur rationaliste, la rencontre de deux êtres humains de sexes différents destinés à procréer. Chacun d'eux est issu d'un échantillonnage de plusieurs millions de sujets, et la probabilité de leur union, si on considère l'homme et la femme comme des individus spécifiques, est du même ordre que celui de gagner à la Loterie nationale.

Le problème est différent si les hommes et les femmes sont indifférenciés dans leur catégorie de sexe. Dans une société de robots partagée entre robots mâles identiques et robots femelles identiques, le « hasard » est réduit à sa plus simple expression. Ce que cherchent d'ailleurs certains totalitarismes.

Plus la société se différencie, plus les individualités s'affirment, plus le rôle du hasard semble grand. Un bébé qui va naître sera demain un individu spécifique. Si vous vous contentez de la loi des grands nombres, cet individu a une probabilité d'exister pratiquement nulle, car ses caractéristiques génétiques — uniques — sont issues de la rencontre d'un ovule avec un spermatozoïde très particulier, perdu parmi des myriades d'autres tout à fait différents. L'être humain qui se prépare est donc, soit un miracle, soit une aberration.

Nous qui sommes de l'Esprit, disons :

— L'infiniment petit est notre domaine. C'est notre voie vers Dieu.

— Nous pouvons agir et nous agissons dans certains cas, que vous imputez au hasard. Le domaine de la procréation est l'un de nos favoris.

— Ce que nous faisons ne vous fait pas toujours

plaisir. Nos motivations ne sont pas encore les vôtres, car nos références sont différentes.

— Nous pouvons, avec vous, prendre en compte les « erreurs », les malformations. Celles-ci proviennent autant de votre comportement, de vos habitudes et de vos excès que d'une volonté qui nous est propre. Mais comme nous vivons en symbiose et que nous possédons une certaine influence sur vous, surtout dans l'inconscient, nous sommes en gros responsables de certaines tares qui affligent vos descendants.

— Si vous tenez compte du fait que les mécanismes de la réincarnation s'appliquent à ceux qui ne choisissent pas la voie directe, vous comprendrez que, dès la naissance, l'égalité parfaite n'existe pas.

Ceci dit, les plus faibles, les plus défavorisés demandent plus que les autres. Vous pouvez alors tester votre capacité à donner. C'est ainsi que nous nous attachons à rendre le « mal » utile.

Les relations sexuelles répondent à un besoin, elles procurent aussi des plaisirs. Dans certaines de vos sociétés, cet aspect ludique a pris le pas sur la nécessité de procréer.

Dans ce domaine nous disons ceci :

Le plaisir est bon s'il ne cause de tort à personne, y compris à soi-même. Chacun doit répondre du tort qu'il a commis. Il n'y a rien d'autre à ajouter, que chacun médite et comprenne.

Les fonctions de reproduction, et dans un sens plus large les fonctions de survie, symbolisent la nature, le premier voile de Dieu. La nature est ce qu'elle est, une mécanique de précision, qui tire sa puissance de l'inerte pour alimenter la vie. C'est une grande intelligence froide. L'homme soumis à la nature est livré à une machine qui ne fait pas de cadeaux. Ici règnent la crainte et le sentiment d'impuissance, le premier stade de l'humanité, le premier stade de l'esprit, aussi, avec ses dieux cruels qui exigent la vie en sacrifice. C'est l'univers du désir, avec ses frustrations et ses violences, c'est le domaine de la loi des grands nombres où le hasard est roi.

De la vie est issu l'esprit. Au sein de l'esprit se distillent les qualités subtiles, qui vont de la haine à l'amour, de la justice à la compassion, de la liberté à la communion. C'est le règne de la Conscience, la découverte des affinités qui peuvent, si l'homme est prêt, le conduire à l'amour universel. L'homme, par le chemin du désir peut croiser certains reflets de l'amour. C'est par là qu'il échappe au hasard pur et qu'il côtoie l'Esprit. La nature, contrôlée par la conscience, ouvre la première voie vers le divin, celle de la compréhension intuitive. C'est la voie des hommes simples, ceux qui, naturellement, sont proches de Dieu. Nous l'appelons aussi l'état d'innocence.

De la vie et de l'esprit sont issus la connaissance, l'une des vocations de l'homme, ou sa condamnation. Lorsque la compréhension intuitive évolue en intelligence, le divin semble s'éloigner de l'homme. Il découvre alors son domaine propre, avec les dangers qu'une telle découverte comporte. Car, lorsque l'homme parvient à penser par lui-même, il se croit libre, un dieu qui se substitue à Dieu, comme l'expliquent bien des mythes.

Lorsque l'intelligence de l'homme sert exclusivement les fonctions vitales, les conflits qui en résultent conduisent à la guerre, petite ou grande, avec sa cruauté et son côté absurde. Quand l'intelligence se soumet à la nature, elles forment une puissance froide, sans conscience ni âme. Inversement, la nature, soumise aux caprices de l'intelligence humaine, souffre, grande machine qu'enraye les tentatives des apprentis sorciers. Lorsque les puissances de la nature rencontrent l'intelligence de l'homme, selon la loi des rapports de force cela dégénère en conflit.

Si, par contre, dans le processus, l'homme s'éveille à l'Esprit et parvient à trouver l'harmonie entre nature et esprit issu de l'homme, un équilibre s'établit. Il ne s'agit plus alors de soumission ou de domination, mais de communion, de travail en commun.

L'intelligence de l'homme au service exclusif de l'esprit peut conduire vers la négation de la vie terrestre, vers le refus de la nature qui est une des composantes de Dieu. Ce n'est pas une attitude généralisable. Au plan individuel, chacun, s'il le sent ainsi, peut choisir cette voie. Elle ne peut être imposée. Nous disons : Dieu a besoin de l'homme solide, bien construit, en accord avec lui-même et son environnement. L'évolution, de l'homme esclave et soumis, du serviteur, tend vers l'homme harmonieux, qu'ici nous appelons l'Homme.

L'esprit soumis à l'intelligence de l'homme, c'est

le monde de la sorcellerie, des sciences « occultes », des secrets. L'alliance librement consentie entre l'esprit et l'homme est une manifestation de lumière. La tentation de soumettre, tentation bien humaine, conduit aux pires excès. Elle est fondée sur la peur. L'Homme, dans l'harmonie et la lumière, ne connaît plus la peur. Il n'a pas besoin de dominer, personne ne cherchera à l'écraser.

De l'harmonie entre les trois forces, naturelles, spirituelles et intellectuelles dépend l'avenir de chacun. Quand cette harmonie est réalisée, l'Homme est aussi proche de Dieu qu'il ne le sera jamais. Il est en Dieu, Dieu est en lui. Alors disent les prophètes, Dieu règne sur le Monde de l'Homme, comme aux origines, mais à un niveau supérieur.

Ainsi en va-t-il des hommes et des femmes qui, dans leurs saga, rencontrent tous les symboles de l'homme et du divin, s'ils savent les lire.

Contraception et avortement

La compréhension des mécanismes naturels permet à l'homme de s'en affranchir, jusqu'à un certain point. Et cela est bon, c'est dans le sens de l'évolution. L'homme s'affranchit de la nature pour pouvoir la retrouver, en connaissance de cause.

Accepter ou non un enfant est un problème individuel. L'époque, pour avancée, en apparence, qu'elle soit, crée autant de problèmes qu'elle en résout. Ne vous leurrez pas. La qualité de vie, s'il s'agit d'une balance entre agrément et désagrément, est pratiquement la même pour un aborigène de la forêt que pour le citoyen d'une société « développée ». Les problèmes ne sont pas les mêmes, les compensations non plus. Toute société dispose d'une « charge » d'évolution spirituelle équivalente. N'oubliez pas, l'esprit survit à vos meilleurs gratte-ciel.

Dans une société traditionnelle où l'arrivée de l'enfant est un événement naturel, où tout est en place pour l'accueillir, où les liens du sang font qu'il trouvera abri et protection quoiqu'il arrive, où la mère n'est jamais isolée, un nouvel enfant n'est pas un problème. Sauf cas extrême de disette ou de guerre.

Il n'en est pas de même dans les sociétés de type « occidental », où l'individu, y compris les mères, est de plus en plus isolé, à la merci des caprices de l'économie reine, d'organisations sans âmes censées compenser les défauts du matérialisme. La naissance, désormais, n'est plus une fête de la famille élargie. Enfermée pour les meilleures raisons du monde dans des établissements hospitaliers, elle ressemble à une maladie et elle fait souvent peur.

La naissance comme la mort ne sont plus des événements naturels.

Ajoutez à cela l'incertitude quant à l'avenir, ce profond cancer dû à la disparition de la foi. Nul alors ne peut s'étonner que des mères en arrivent à refuser un enfant.

Surtout pas nous, qui dans certaines de nos manifestations présidons aux naissances. Car nous y sommes impliqués. Surtout pas nous, esprits de vos anciens, qui savons ce que nous avons légué. Surtout pas Dieu, qui n'a jamais demandé l'impossible à une malheureuse.

Nous sommes partie prenante du pétrin dans lequel vous vous débattez. Ce n'est ni votre faute, ni absolument la nôtre, l'évolution est ainsi. Car de toutes les époques qui se sont succédé, la vôtre est la plus riche en contradictions de toutes sortes, en problèmes insurmontables — en apparence.

Pourtant, nous avons confiance. Nous sommes, nous direz-vous, bien placés pour avoir la foi. C'est vrai. Mais il n'y a pas que cela. Nous avons la vision de l'évolution et nous en connaissons les rouages. Nous savons ce qu'est l'Harmonie. Vous l'ignorez encore et vous allez apprendre. Car vous n'avez pas le choix.

Vous détenez aujourd'hui le contrôle d'instruments discordants, vous devez en faire un orchestre. Cela n'ira pas sans mal, mais vous y êtes conduits. En pleine conscience pour les uns, contraints et forcés pour les autres. Il s'agit d'un combat, nous le menons avec vous.

A propos de techniques de développement spirituel

Il n'y a, vers le sommet, que deux impératifs : la sincérité et la pureté. Tout le reste n'est que poudre aux yeux. Certaines Traditions s'appuient sur des pratiques, qui, si elles sont profondément et sincèrement ressenties dans leurs symboliques, peuvent favoriser l'entrée dans l'état de grâce, cette conjonction des éléments favorables. Il ne faut donc pas les rejeter, mais s'assurer qu'elles correspondent aux besoins du moi profond. Il y a, nous insistons, de nombreuses façons de manifester respect et affection au Père, de nombreuses façons de communier avec autrui et l'environnement, de nombreuses façons de servir.

Si une voie vous attire irrésistiblement, qu'elle ne présente aucun danger ni pour vous, ni pour les autres, et qu'elle ouvre en vous la conscience, l'intelligence du cœur, alors cette voie est bonne, pour vous. Ne cherchez pas à l'imposer à ceux qui sont différents.

Toutes les religions, tous les systèmes de pensée, comme tout ce qui a trait à l'homme, sont porteurs du meilleur et du pire. Il appartient à chacun d'évaluer tout acte, tout geste, toute pensée qu'il émet ou qu'il pose. Là résident le libre arbitre et son corollaire, la responsabilité.

Qui sème la souffrance en croyant faire le « travail » de Dieu est, au sens propre du terme, un imbécile, celui qui ne comprend rien. Dieu n'a pas besoin de vous pour faire son « travail ». Il peut, si vous êtes disponible, vous guider pour achever le vôtre, Il est infiniment trop grand pour dépendre de vous. Ce n'est pas Dieu que vous construisez au travers de vos actes, c'est vous-même, celui qui, un jour, sera digne ou non de l'approcher. La « Puissance » que vous représentez est sienne de toute éternité. Vous n'êtes qu'un transformateur et selon votre volonté propre, vous évoluez vers le positif ou le négatif. Tout est utile dans le cosmos, votre confort personnel présent et futur, par contre, dépend de ce que vous voulez être.

Beaucoup de ceux qui « réfutent » Dieu sur la base des aspects négatifs de l'homme et de leurs conséquences, qui ressentent le côté « sans âme », inhumain, de certains mécanismes naturels, beaucoup de ceux qui se révoltent, sont plus près de nous que certains croyants aveugles. Ces hommes sincères ont la foi, mais ils ne le savent pas.

N'attendez pas du développement spirituel des récompenses matérielles. Là réside l'intention pure. Jésus disait : « Regardez les oiseaux, ils trouvent ce dont ils ont besoin. » Nous disons :

Le Père sait mieux que vous ce qui vous convient. Faites-lui confiance.

La récompense est intérieure, faite de paix, d'équilibre, de sagesse, d'harmonie. Lorsque vous ressentez cela, les plaisirs de la matière vous paraissent bien fades. Donnez, vous recevrez, et ce que vous recevrez vous permettra d'aller au bout de votre chemin. Ni plus, ni moins. Car le manque comme l'excédent sont également nocifs.

Soyez vous-même, quel que soit l'habit que vous portez. Vous découvrirez alors, chez les autres, même affublés d'apparences surprenantes, des êtres humains bien proches de ce que vous êtes. Les religions, les traditions, les coutumes, les systèmes de pensée ne sont que des défroques, bien utiles parfois face aux intempéries. C'est nus, pourtant, que vous entrerez chez le Père. Les seules intempéries qui vous menacent, devant Lui, sont celles que vous portez en vous.

Connaître l'avenir

A quoi bon ? Si Dieu vous prenait directement en charge, vous seriez Connaissance. Comment pourriez-vous évoluer ? C'est par l'épreuve, avec l'incertitude qu'elle comporte, que vous progressez, que vous vous renforcez. Acceptez-la, prenez confiance en vous, découvrez le Père dont l'esprit est chez vous. Vous tiendrez alors sur vos jambes. Qui a survécu à dix épreuves sait qu'il peut sans crainte en affronter une onzième. C'est ainsi que nous vous voulons.

Penchez-vous à loisir sur le futur de l'espèce, de

votre nation ou de votre famille. Supputez, si vous le désirez, vos propres chances dans la vie. Faites-vous peur ou confortez-vous, demain ne sera pas ce que vous avez prévu. Et cela est voulu.

Quand vous trouverez votre voie, vous cesserez de vous poser des questions inutiles.

Assurances et garanties

Aucune organisation ici-bas ne peut garantir votre tranquillité future. C'est en vous que vous pouvez la construire, comme un capital. Nulle puissance humaine ne pourra l'écorner. Mais tant qu'en vous vivra la peur, rien ni personne ne pourra vous aider, ni aujourd'hui ni demain.

Dans votre moi profond se trouve l'amorce de la voie qui peut vous en débarrasser.

Trouvez-la.

La richesse

Dans le développement actuel de votre univers, la richesse se comptabilise. Pas dans le nôtre. Pour des raisons d'études, d'analyses, de prévisions, de compréhension, il vous faut des unités de mesure. Nous le comprenons, cela est sain. La notion d'argent, tant qu'elle reste ce qu'elle doit être : un instrument d'échange, un outil, est bonne. Il faut éviter de la diviniser, il faut surtout que vous en gardiez le contrôle. L'économie doit dépendre de l'homme, et non pas l'inverse.

Il ne faut surtout pas que les outils prennent le pas

sur les ouvriers. Une société contrôlée par des robots, par exemple — ce qui existe déjà dans certaines administrations informatisées — est une aberration. Ce qui arrange la machine est souvent très loin des préoccupations de l'homme. Ceci paraît élémentaire, mais dans les faits, il semble que ce ne soit pas une évidence.

Cette parenthèse fermée, demeure le principe : ne vous laissez pas aveugler ! Sachez en tout déterminer l'essentiel : l'Homme.

L'argent n'est qu'une notion, elle évoluera. L'essentiel réside dans les mécanismes de l'enrichissement, qui sont les mêmes sur terre que dans l'Esprit.

L'homme s'enrichit quand il parvient à englober. Pour prendre un exemple, l'être humain a « domestiqué » le blé, ou le riz. Ceci, au sens littéral, signifie qu'il a fait entrer ces céréales dans sa « maison », dans son domaine. Il en a percé les mystères, il les a dominées, elles font désormais partie de son « moi élargi », de sa conscience. Si les céréales se sont adaptées à l'homme, l'homme s'est adapté aux céréales ici-bas et dans l'au-delà. Il ne manque pas, dans l'Esprit, d'agronomes, de cultivateurs, de biologistes qui conservent les intérêts qui les motivaient sur terre. Entre plante et homme on ne distingue plus très bien les prépondérances. C'est une sorte de communion au sein de laquelle s'exprime la volonté humaine.

Nous disons alors que l'homme a englobé la plante et qu'il s'est enrichi. D'autres pourraient dire que la plante a englobé l'homme, et qu'elle l'a mis à son service, ce qui ne choque personne. Car ces histoires de préséances n'ont d'importance que pour les dignités fragiles.

L'homme et la plante trouvent un bénéfice mutuel, ce qui est juste. C'est ainsi que doivent s'envisager les échanges. L'homme est donc riche du blé et du riz qu'il intègre à son propre univers.

Englober des minéraux, des plantes, des animaux, des hommes, des nations, c'est la voie de l'enrichissement. Ceci ne se peut que si toutes les parties y trouvent un intérêt, que si des affinités se développent. L'homme, parce qu'il agit, doit assumer alors les responsabilités qui sont les siennes.

Si, dans une association, s'inscrit un nouveau membre actif, l'association s'enrichit et le nouveau venu se renforce. On finit bientôt par ne plus très bien savoir qui dépend de l'autre, et la question ne se pose pas tant que les affinités existent. L'important c'est que ça marche et que chacun assume ses responsabilités.

Ainsi en est-il de l'Esprit qui s'enrichit en englobant d'autres esprits. Des affinités réciproques dépend la compatibilité, car sinon rien ne peut se faire. Chacun doit y trouver son intérêt.

Ainsi en sera-t-il quand l'Esprit de l'homme, riche de toutes ses acquisitions, sera englobé dans l'Esprit du Créateur.

Ainsi devrait-il en être sur terre.

Le groupe

« Quand vous vous réunirez et que vous penserez à moi, je serai parmi vous », dit Jésus.

Nous disons :

Quand vous vous rassemblez pour réaliser ensemble un projet qui tend vers l'Universel, une œuvre qui rapproche au lieu de séparer, un travail qui soulage au lieu de faire souffrir, une entreprise qui aide au lieu d'exploiter, quand, dans votre groupe, la motivation sincère est d'élever et non d'écraser, de dignifier et non d'humilier, d'aimer et non de haïr, alors nous sommes parmi vous, avec Jésus et bien d'autres. Votre œuvre aura une âme.

Mais attention ! La Force ne se trouve pas que dans l'Universel, c'est une manifestation neutre. Si vous vous associez pour méfaire, vous trouverez aussi de l'écho dans l'univers spirituel. Une âme peut se dégager de votre groupe. Les conséquences de vos actes, à long terme, comme le fumier, donneront des fruits sains, car tout est utilisé. Mais vous récolterez, personnellement et en groupe, ce que vous avez semé. Ceci est notre Loi, les forces malfaisantes nous sont soumises, vous ne pouvez y échapper.

Nous n'intervenons pas quand l'homme veut mal tourner, sauf si des intérêts supérieurs sont en jeu. Si vous ne côtoyez pas le mal, comment sauriez-vous ce qui est bien ?

Cette règle peut vous paraître dure, cruelle, même. Nous l'avons tous subie, avant vous. Vous avez, ne l'oubliez pas, accès à la Force intérieure, contre laquelle l'homme ne peut rien. A vous de vous équiper, si vous le voulez bien.

C'est parce que Jésus possédait cette Force, ni trop ni trop peu, qu'il a été jusqu'au bout de sa voie. Il vous a montré un chemin. C'est parce que Gandhi possédait cette Force, ni trop, ni trop peu, qu'il a pu sereinement affronter la stupidité des hommes, celle qui l'a assassiné. Il vous a montré un chemin. Tels sont les Fils de l'Homme, ceux qui sont proches de Dieu.

De ce qu'ils enseignaient le meilleur est sorti, et le pire aussi. Telle est la destinée humaine. Aucune voie balisée ne vous met à l'abri de l'erreur. Il appartient à chacun de choisir, à tout moment, à chaque instant.

Comme ils se survivent à eux-mêmes, ils se retrouvent au bout du compte dans leurs propres conséquences. De leurs œuvres et de ce qui en est advenu, survivra ce qui leur appartient. Le reste, les scories, est, avec le temps digéré par la grande machine qui en a vu bien d'autres.

En chaque groupe se trouve l'élément perturbateur. Il s'agit de le comprendre. Si la perfection était humaine, quel besoin aurions-nous de Dieu ? Les conséquences de la bonne volonté peuvent s'avérer néfastes, à première vue. Que ceci ne vous arrête pas, c'est vous, au travers de l'œuvre, que vous construisez.

Tout homme qui agit trouve des détracteurs en chemin, des alliés prêts à trahir, des amis infidèles. Qu'importe, que votre âme soit pure, vos intentions sincères, vous trouverez la Force, et c'est ce qui importe. Nous vous le répétons : c'est la Loi. L'homme ne peut se bâtir autrement.

Nous préférons les imprudents qui, dans leur cœur sont prêts à payer pour ce qu'ils font, que les couards qui se réfugient dans l'irresponsabilité. Mais n'exagérez pas quand même, on ne vous demande pas des miracles, ne nous contraignez pas à en faire.

Le contrat

Merci, Père, pour ce que Tu m'as transmis. Et le bon, et le moins bon. A moi, maintenant, avec Ton aide, de me débrouiller. Veille sur moi, accorde-moi d'agir, en accord avec ma conscience, en harmonie avec Toi. Je veux être digne de toi, à mon niveau, selon les capacités qui sont les miennes.

Tu me connais mieux que je ne me connaîtrai jamais. Je suis disponible, donne-moi les outils qui conviennent. Aide-moi à gagner ma propre confiance, comme j'ai confiance en toi. Accepte ce que je fais comme venant de toi, mais si, par ma faute, je commettais une erreur, que grâce me soit accordée de pouvoir la racheter. Donne-moi la force de pardonner, le pouvoir de te trouver chez les autres, et que jamais, au grand jamais, je ne cause de tort aux amis.

Et qu'entre nous ceci soit le seul contrat qui nous lie. Tout le reste, je le sais, est superflu.

Nos sommes prêts à considérer avec bienveillance tout contrat de cet ordre, nous serait-il proposé par le plus vil des mécréants, du sommet de la gloire ou du fin fond de la détresse. Il s'agit là d'un engagement, avec tout ce que cela implique. Aussi, ne le prenez pas à la légère, car nous lisons dans votre cœur. Il est des choses que vous parvenez à vous cacher, mais nous les connaissons.

Conclusion

Voici bouclé un petit tour d'horizon tel que nous le percevons, au sein de la Conscience. Ce n'est, nous le savons, qu'une approche simple de quelques-uns des problèmes qui vous préoccupent. Mais vous disposez maintenant d'une base pour méditer et comprendre par vous-même. C'est ce que nous voulons.

Ouvrez votre conscience, posez la question juste, vous recevrez la réponse. Elle sera votre réponse, celle qui convient au niveau que vous avez atteint. Ne cherchez pas ce qui ne vous est pas accessible, progressez en confiance. Le jour viendra où vous aurez gagné le droit de savoir. Les portes, chez nous, ne sont pas fermées comme celles d'un coffre-fort. Elles ne sont pas franchissables tant que vous n'êtes pas prêts. Pour votre sécurité.

La période dans laquelle vous entrez est une ère nouvelle, celle où l'homme doit trouver l'Harmonie. Elle sera difficile. Nous l'avons dit, l'orchestre est riche d'instruments désaccordés. Tous ces instruments doivent jouer ensemble la Symphonie de la vie, sachez vous préparer, sachez trouver en vous le son qui est le vôtre, le son juste.

Que les femmes et les hommes de bonne volonté se retrouvent quelles que soient leurs langues, leurs races, leurs croyances, leurs religions, leurs traditions ou leurs coutumes, pour résoudre les problèmes qui se posent sur cette terre. Commencez par apprendre à vivre avec vos voisins, ceux qui vous sont accessibles, et de proche en proche l'orchestre s'accordera.

Nous sommes avec vous, près de vous, en vous si vous nous acceptez.

Pigalle, le 23 novembre 1990.

Table des matières

Deuxième partie

MÉDITATIONS

Achevé d'imprimer le 20 février 1991
dans les ateliers de Normandie Roto S.A.
61250 Lonrai
N° d'éditeur : 33216
N° d'imprimeur : 902925
Dépôt légal : mars 1991